张丽娟 ◎ 著

聪明孩子从聪明妈妈开始

新世界出版社
NEW WORLD PRESS

图书在版编目（CIP）数据

聪明孩子从聪明妈妈开始 / 张丽娟著.
—北京：新世界出版社，2011.5
ISBN 978-7-5104-1785-6

Ⅰ.①聪… Ⅱ.①张… Ⅲ.①婴幼儿—家庭教育
Ⅳ.①G78

中国版本图书馆CIP数据核字（2011）第062358号

聪明孩子从聪明妈妈开始

作　　者：张丽娟
责任编辑：林　欢
责任印制：李一鸣　黄厚清
出版发行：新世界出版社
社　　址：北京西城区百万庄大街24号（100037）
发 行 部：（010）6899 5968（010）68998733（传真）
总 编 室：（010）6899 5424（010）68326679（传真）
http: //www. nwp. cn
http: //www. newworld - press. com
版 权 部：+8610 6899 6306
版权部电子信箱：frank@nwp. com. cn
印　　刷：北京楠萍印刷有限公司
经　　销：新华书店
开　　本：700×1000　　1/16
字　　数：150千字　　印张：14
版　　次：2011年5月第1版　　2011年5月第1次印刷
书　　号：ISBN 978-7-5104-1785-6
定　　价：29.80元

前言

这是一本关于爱与管教的书。

爱孩子出自本真，无需学习，教育则不然。为人父母者都希望孩子健康、聪明、善良、勇敢，但我们怎能奢望不经耕耘的硕果累累。

把自己关于教养的理念付诸文字并付梓印刷的想法早已有之。我出生在一个人口虽众却温馨和睦、兄弟亲妯娌和的大家庭，奶奶和妈妈相处融洽，父母对孩子们疼爱却不娇惯。在街坊四邻眼里，我们家的孩子个个懂礼数、学习好,既懂事、又孝顺，人们都夸我们家的大人教子有方。邻居家有个男孩是我同学，集全家人的宠爱于一身，但男孩的成长却与家人的期望渐行渐远。面对逃学、打架、隔三差五请家长的儿子，父母情急之下却只懂得拳脚相向，结果不仅于事无补，反而促成了儿子的愈加玩世不恭。我常听妈妈说，是不懂得教育的父母造就了这样的孩子。于是年少的我隐约萌生了长大后要写一本关于教育的书的想法，想要把这样的故事告诉更多的父母，帮助他们学会教养孩子的正确方法。

长大后上学、工作、建立家庭，儿时的心愿在每日的奔波中被屡屡搁置，潜意识里却总有一股力量驱使我格外关注教养孩子的问题。在我系统学习了心理学、教育学的专业知识，并在实际工作中接触了越来越多的问题儿童案例，尤其当自己也做了母亲，积累了越来越多的育儿经验后，想把自己所学的专业知识和教养孩子的理念与更多人分享的念头又重上心头。

最终让我下决心付诸行动的却是我亲爱的女儿。

某日,我正在电脑前写一篇有关溺爱的日志，7岁的女儿走到我旁边问："妈妈，你在写什么呢？"我回答说："我在写妈妈不能溺爱孩子的文章。""什么是溺爱呢？"我想了一下说："就是孩子要什么，妈妈就给什么。你想看看吗？"听我这么一说，女儿很好奇地凑过来，我就一句一句地读给她听。"哦，我明白了，溺爱就是佳佳妈妈对佳佳那样。妈妈你赶快写吧，写好了让佳佳妈妈读，佳佳就能变成好孩子了。"佳佳是女儿的幼儿园同学，小女孩的任性、撒泼、坏脾气我早有耳闻，孩子妈妈对此的束手无策我也了解。女儿是一个善良的孩子，我不能让她失望。面对她满怀期待的目光，我郑重地点了点头。

于是，这篇文章就成了本书的源起。尔后我不敢懈怠，笔耕不辍，终于成就了这本主题为"身为妈妈，我们应该怎样教育孩子"的专著。

0–6岁是孩子成长发育的关键时期，他们在这一阶段接受的教育将对其一生造成深远影响。我历来不主张通过刻意的行为训练来对孩子进行教育。在本书中，我更多地强调观念的渗透，让家长懂得如何做才能让孩子的潜能得到更好的开发，能力得到更好的培养。通过大量再现我们熟悉的生活场景，把专业、枯燥的理论知识渗透在具体事例中。妈妈们读起来既能身临其境，会心一笑，又能有所领悟，对照改进自己的教育方法。

衷心希望本书能带给像我一样爱孩子的妈妈们切实可行的帮助和指导，让每一个孩子都能健康快乐的成长。我愿做您真诚的朋友，在教养孩子的过程中让我们携手同行，一路相伴！

张丽娟

2011年3月

目 录

第一部分　重新认识我们的孩子

我们都希望自己的孩子拥有阳光般的心情，快乐的情绪能陪伴孩子一生，您知道在一个孩子的眼里，快乐是怎样的吗？站在孩子的高度和角度，您会看见一个和我们成人完全不同的世界。因此，想要给予孩子最好的爱，让孩子健康快乐地成长，就要从认识我们的孩子开始。

第二部分　聪明妈妈 聪明孩子

孩子是上天派来的天使，承载着我们的希望和未来，宝宝纯净的心灵犹如一张白纸，任由父母为他们涂抹上第一笔色彩，“染于苍则苍、染于黄则黄”，妈妈是孩子崇拜和模仿的对象，妈妈不经意的言行，会给孩子带来一生的影响，聪明妈妈打造聪明孩子。

第三部分　爱的教育

“家”不是一个简单的概念，社会学家说家是社会的最小细胞；婚姻学家说家是风雨相依的两人世界，对于孩子来说，家就是成长的摇篮。

“家”绝不仅仅是物质堆砌起来的空间，它是我们的精神家园，心灵的栖息地，无论您的房子多么豪华，有爱的地方才是家。

第四部分　早教有误区　投资须谨慎

考级、培训、神童速成班，到底是为了让孩子赢在起跑线上，还是拔苗助长？“望子成龙、望女成凤”的爸爸妈妈如何抵挡众多兴趣班、培训班的诱惑和鉴别它们的真伪？我们的孩子经不经得起这样的“折腾”？到底该不该去“培训”一下？因此，我们有必要对“早教”有一个正确和科学的认识。

第五部分　孩子聪明就这么简单

爱迪生、李开复、比尔·盖茨，这些传奇人物背后，究竟有着怎样的教育？我们在追溯他们成功历程的同时，是不是也反思一下自己：我们是否善于去发现孩子的天赋，并有意识地去培养？我们是否给孩子足够大的空间，懂得如何对孩子放手？在追求考试高分数的同时，是不是忽视了社会这个大学堂？

第六部分　品格、情商与智商大练兵

一个孩子的成功，智商是基础，情商是保证，别让孩子遭遇高智商而低情商的尴尬，而家庭不仅是孩子情感发展的基石，更是培养孩子情商的第一所学校。

第七部分　如何听孩子才会说　如何说孩子才会听

您和孩子一起用餐或者玩游戏时，是否注意到孩子的说话内容？当他们要表达自己的心情时，您是否在耐心地倾听？当孩子有反面意见时，是否觉得只要孩子听我们的就足够？在日常生活中，也许我们每天都要忙于工作和家务，可是当孩子想对您倾诉时，请您一定要坐下来，做一个忠实的听众。

第八部分 宠爱有度 溺爱有毒

“溺”，词典上解释为“淹没”的意思，爸爸妈妈给孩子过多的爱，称之为“溺爱”。为什么爸爸妈妈对孩子那“毋庸置疑”的爱，有时竟被打上了问号？我们都知道溺爱会对孩子造成伤害，可有时会分不清“溺爱”是什么，更不了解自己家里就存在溺爱，因为溺爱往往披着爱的外衣。

第九部分　培养孩子的领导气质

“王者”，通俗的理解可以指那些取得天下的人，他们普遍具有坚定的意志、独立思考能力、乐观的心态、强烈的责任感。很多爸爸妈妈希望自己的孩子将来能成为一个“王者”，孩子天生的性格也许无法改变，但优秀的品质是可以通过后天的教育来培养的。

第一部分 重新认识我们的孩子

我们都希望自己的孩子拥有阳光般的心情，快乐的情绪能陪伴孩子一生，那您知道在一个孩子的眼里，快乐是怎样的？站在孩子的高度和角度，您会看见一个和我们成人完全不同的世界。因此，想要给予孩子最好的爱，让孩子健康快乐地成长，就要从认识我们的孩子开始。

1 孩子的快乐

我们都希望自己的孩子拥有阳光般的心情，能够健康快乐地成长，快乐的情绪能陪伴孩子一生，那怎样才能让我们的孩子拥有快乐呢？

很多爸爸妈妈认为，现在的孩子个个生活在“蜜罐”里：饭来张口、衣来伸手、玩具堆成小山、好吃好玩的应接不暇，还能不快乐吗？我也经常看到有些家长把孩子奉为“小太阳”，千方百计地迎合和讨好，生怕孩子受一点点委屈，可孩子并没有家长希望的那样快乐。有的妈妈无奈地说：“我们为孩子操碎了心，可孩子怎么就不满意呢！在家里动不动就生气发火，想看到孩子的笑脸真不容易呀！”

我见过这样一位妈妈：

为了让孩子不输在起跑线上，6 岁的女儿已经上了奥数、英语、钢琴、美术、舞蹈、琵琶等十几种培训班，有时候为了送孩子去上学，连饭都顾不上吃，奔波在几个培训学校之间，觉得这样才是对得起孩子，而妈妈得到孩子的“回报”却是“天天上培训班，很烦”！

对于“快乐”的定义，孩子和家长有着不同的评判标准：也许在爸爸妈妈眼里的“不可思议”，在孩子看来却是“正常不过”的事情。有的孩子就说，他喜欢抓虫、捏泥巴、看蚂蚁搬家，这些按照他们自己的步伐去探索世界的活动，更能给自己带来快乐。在为灾区捐助现场，我也看到了很多孩子的身影，他们说自己能给别人提供关心、帮助是一件快乐的事情。很多孩子也表示，帮妈妈做力所能及的家务也很快乐。而有的孩子对我说：“如果学校考试不排队，他就会比现在快乐很多。”

在孩子的眼里，快不快乐并不取决于拥有多少，拥有一座金山也未必快乐，相反一个棒棒糖、一只小金鱼也许就可以给孩子带来快乐。想让孩子快乐，就要给孩子一颗感知快乐的心。爸爸妈妈给孩子最好的礼物都不如让他拥有感知快乐的能力——让孩子学会在生活中发现快乐、创造快乐、感知快乐。在这里，我给您提出如下建议：

一、和谐温馨的家庭环境是孩子快乐的基石

家庭是孩子生活和成长的地方，在温馨、民主的家庭氛围下，爸爸妈妈既是孩子的保护者和教育者，又是孩子的知心朋友，既要懂得尊重孩子的主动性和独立性，又要施以必要的教育和引导。家长积极乐观的人生态度，让孩子更容易学会以平和的心态来面对挫折，保持快乐的心情。

二、让孩子学会感知快乐

爸爸妈妈不能溺爱孩子，对孩子给予爱的同时，更要让孩子具有感知爱的能力，孩子在接受爱的同时，更要懂得感恩。人具有社会性，当一个人的行为和其他人产生关系时，才更容易激发内心的体验。所以，让孩子感知快乐，首先应让孩子学会怎样给别人带来快乐。这需要爸爸妈妈对孩子适当地放手，不要为孩子包办一切，给孩子为别人提供帮助的机会，让孩子在付出中体会快乐。

三、适当的赞美是孩子快乐的添加剂

当孩子有好的表现时，爸爸妈妈的赞美既是对孩子行为的肯定，也是对好行为的强化，同时也能增加孩子内心的幸福指数。需要注意的是，赞美要讲究技巧：赞美要发自真心，而不是应付；赞美要具体，而不能太过笼统；赞美要适度，而不能太多。

孩子幼小的心灵看到的是纯真、光明的事物，这种快乐是无价之宝。乐观的世界观、强健的体魄、亲密的家庭关系、善解人意的心灵、有好友相伴、坚信自己的人生有意义等等，都是孩子能感受快乐的基础。童年的快乐是一生快乐的源头，想帮助孩子找到快乐，就要给孩子科学的家庭教养方式，做学习型家长，保持一颗平常心，合理设置对孩子的期望值。总之，让孩子对快乐触手可得。

2 请蹲下来，从孩子的高度看世界

在一个孩子的眼里，世界是怎样的？站在孩子的高度和角度，您会看见一个和我们成人完全不同的世界。

我看到过这样的报道：

有一项“中国宝宝成长发现之旅”嘉年华的活动，主办方安排了“家长体验孩子眼中的世界”内容，专门为家长准备了“看宝宝眼中的成人世界”环节。在巨大的家具面前，大人就是个“孩子”。活动现场摆放的家具等物品，都是巨大的：沙发又高又斜，踮着脚坐上去，马上就会滑下来；衣服又宽又大，不能像平时一样轻松地穿上；写字用的笔需要用两只手抱起来才能写。不少家长体验后都发出“实在太辛苦”的感慨。工作人员介绍，这就是孩子们眼中的世界，希望家长通过亲身体验，能为孩子提供最合适的照顾。

爸爸妈妈不妨问一下自己，平时我们从孩子的角度出发了吗？

有一位妈妈带孩子去逛商场，她觉得孩子一定会喜欢这个热闹的场所，可是和她想象的完全相反，孩子在商场里却高兴不起来，甚至有点害怕，吵着要出去。妈妈不明白，一向喜欢玩的孩子怎么会排斥又漂亮又热闹的商场？但是当她蹲下来询问孩子原因的时候，她明白了，在孩子的角度，只能看见一条条的人腿，以及一些高高的柜子，一点也不能让人赏心悦目，反倒让人非常不舒服，而以大人的高度，是看不见这些的。

我曾经看到过这样一个故事：

小女孩流畅地在钢琴上弹完一曲，大人纷纷鼓掌叫道："再来一遍。"大人的意思是："你弹得很好，我们想再听一遍。"是鼓励，也是赞扬，可是孩子没有出现预期中的笑脸，反倒掉下眼泪，睁着无辜的大眼睛说："我又没有弹错，为什么要再来一遍？"可爱的孩子，她把大人的称赞看成了惩罚。为什么两代人的差异如此巨大？因为大人和孩子看问题的角度是不一样的。

站在孩子的高度看世界，不仅仅是爸爸妈妈的身体蹲下来，而应该是在心理上和孩子保持平等，从孩子的心理角度去看待问题，要和孩子建立同理心。这就要求爸爸妈妈要研究和懂得孩子的情感、兴趣、思维和心理，看看孩子不同时期的心理特点是什么，他们的想法和大人有什么不同，只有家长走进孩子的心里，才能看到大人不可理解而在孩子看来又非常正常的事情，并在此基础上对孩子进行有效的教育。以下几点供您参考：

一、"蹲下来"是有效沟通的前提

有些爸爸妈妈觉得自己的孩子逆反、不听话，比如，家长要孩子去写作业，他偏偏要看动画片；出门前，妈妈着急地催孩子快点收拾，他却不慌不忙地画画。在大人看似"火上房"的事情，孩子却若无其事，因为孩子还不懂得事情的后果会是怎样。当妈妈着急地说"快点走"时，孩子也许正沉浸在他的童话世界里。所以，不了解孩子的内心，只是高高在上地发号施令，换来的只能是孩子的对抗。

二、“蹲下来”才能让孩子更好地成长

孩子的成长是有规律的，家长对孩子的教育不能“想当然”，比如，8个月的宝宝想在地上爬，而妈妈却担心孩子把衣服弄脏，会把孩子抱起；宝宝看到大人吃饭很神奇，也想学着自己吃，妈妈却怕孩子被烫着，选择把孩子喂饱。有的家长和孩子一起做游戏时，总是命令孩子“怎么做、怎么玩、玩什么”，其实这样做，都是家长以一个成人的眼光来看待孩子的行为，不利于孩子的成长。

三、不能把成人的思维强加给孩子

成人有自己固定的思维，也有自己已经成形的人生观、价值观，因此，在对待孩子的问题上，也习惯了从自己的角度出发，去衡量这件事情到底是什么样的。孩子的各种观念和各种社会经验都还在慢慢累积的阶段，他还没有经历过您所经历的那些风风雨雨，所以同一件事情，您看见的和孩子看见的可能不一样。比如，小孩子之间打架，本来是孩子在学习沟通的一种方式，而双方家长却因此结怨，或者家长教孩子怎么去对付别的孩子。

只有爸爸妈妈“蹲下来”，才能走进孩子的世界，才知道在他的高度，能看见什么，才能和孩子有效地沟通和交流。站在孩子的角度，才能知道孩子需要什么，不需要什么，哪些做法对孩子是好的，而哪些做法是不利于孩子成长的。只有蹲下来，才不会用大人高高在上的态度，自作主张地决定孩子该干什么，不该干什么，才懂得什么是最适合孩子的。

3 孩子是天使，也是我们的作品

对于爸爸妈妈来说，孩子是上天派来的天使，承载着我们的希望和未来，宝宝纯净的心灵犹如一张白纸，任由父母为他们涂抹上第一笔色彩，“染于苍则苍、染于黄则黄”，孩子成长的每一步，都体现着父母对他的影响，不同的教育打造孩子不同的人生。

大概我们都听说过这样一个故事：

古代，一个孩子从小恣意妄为，而他的父母却从不加以约束，结果孩子长大杀了人被判极刑。临刑前孩子提出想再吸吮一次慈母的乳头，母亲就真的解开衣襟喂他，他却一口咬下了母亲的乳头，哭道：“当初你们要是早些管教我，何至于有今日之死？”

“人之初，性本善”，每一个孩子生下来都是最优秀的，后天的教育才是孩子走不同人生道路的向导和指路人。0-6 岁是孩子发育的关键时期，这个阶段接受的教育将影响一个人一生的发展，包括今后能力的发展和性格的形成。而这时孩子最早接触的就是家庭，并且在家庭中生活的时间最长，爸爸妈妈既是孩子的抚养者，又是孩子的第一任老师，家长有意无意间的行为都会对孩子具有潜移默化的影响，为孩子一生的发展定下基调。一些研究资料表明，爸爸妈妈对孩子的教养方式，大致可分为 4 种类型，也将成就不同类型的四种孩子。具体内容如下所述：

一、期待型

这一类型管教方式的特点是，爸爸妈妈大都对孩子抱有很高的期望，把自己不能实现的愿望和理想都寄托在孩子身上，希望孩子能完全按照他们设计的路线走下去。这种类型的爸爸妈妈对孩子的要求一般比较严格，如果孩子一时没有达成他们的期望值，就会产生失望情绪，甚至可能会对孩子施以暴力。

在这种教养方式下长大的孩子，由于长期处于爸爸妈妈的高压管制下，所以自己管理自己的能力比较差，也极易出现自卑、死板、冷漠和意志消沉等不良的心理和行为特点。

二、溺爱型

这种类型的爸爸妈妈给了孩子太多的爱，无论是物质上还是精神上，基本是有求必应，想尽一切办法来迎合孩子，生怕孩子受一点点的委屈，不让孩子经历一丁点挫折。在孩子的心里，自己是家里的小皇帝或者小公主。

在这种类型家庭里生活的孩子，生活独立能力比较差，性格古怪，情绪不稳定，稍不满意就可能大发脾气，认为什么事情都要以“我”为中心，不懂人际交往，社会适应能力差，经常期待他人的帮助，责任心更是无从谈起。这种孩子缺乏自我控制能力，即使微小的要求没能得到满足或稍遇挫折，就会哭泣、叫喊、胡闹甚至玩命！

三、矛盾型

这种教养方式就是我们通常所说的“一个红脸、一个白脸”，一般情况下，往往是一方家长对孩子的行为严厉地禁止，而另一方家长有可能出来阻止，或者一方家长对孩子斥责、打骂，而一方家长则哄劝和安慰。爸爸妈妈态度的不一致，让孩子的内心充满矛盾，无所适从。

孩子由于经常被爸爸妈妈夹在中间，精神极度不安，甚至不能对事情进行正确判断。主要表现有：说谎、对爸爸妈妈不信任、自卑等。

四、民主型

爸爸妈妈之间感情和谐，家庭气氛融洽，在给予孩子温暖和关心的同时，更懂得怎样去对孩子进行必要的管教，他们比较尊重孩子的人格和权益，给孩子适当的空间，鼓励孩子发表自己的见解。要孩子学会自己解决问题，让孩子感受到家庭的责任。

这样的孩子会比较友善，有较好的适应能力和自控能力，性格也比较开朗，有合作精神，乐于助人。

所以说，爸爸妈妈对孩子的成长意义重大。人生就像是一面镜子，您对孩子所做的一切，都会在孩子的成长历程中映射出来，孩子将来成为一个什么样的人，都是爸爸妈妈“打造”的结果。孩子是天使，需要我们去爱，但怎样去爱，是需要方法和学习的。

4 游戏、游戏，再游戏

游戏，对于6岁以下的孩子来说不仅是他们最喜爱的活动，也是一种学习的方式，更是感知世界、锻炼能力并获得知识的渠道。如果孩子玩游戏得到爸爸妈妈的认可、鼓励和参与，对孩子的成长非常有益。

球球每天从幼儿园回来后，最喜欢做的事情就是和妈妈一起玩游戏。有时球球当老师，妈妈当小朋友，球球认真负责地教妈妈唱歌、跳舞，告诉妈妈怎样才能把手洗干净的方法，每一次妈妈都非常专心地听讲，耐心地按照球球的要求一步步地操作，态度非常诚恳，从不应付，表现出对孩子足够的尊重和对事情的重视。由于妈妈和球球的默契配合，每次球球都玩得特别开心，孩子动手能力、表达能力、独立能力也得到了很好的锻炼和提高。

球球的实例告诉我们：爸爸妈妈是孩子一生中第一任老师，也是孩子乐意模仿的对象，只有当爸爸妈妈懂得去尊重孩子，孩子才能更容易学会怎样去尊重别人。此外，爸爸妈妈认真地和孩子玩游戏还有助于孩子的自尊心、自信心和独立能力的培养。

球球还喜欢和妈妈玩“警察叔叔”的游戏。球球有时扮演警察叔叔手里拿着指挥棒指挥交通；有时候扮演开车的司机，边开车边用嘴发出“嘀嘀”声音来提示“路上的行人”。妈妈一会儿扮演老奶奶，让球球搀扶过马路；一会扮演行人，有时候还会因为没有走人行横道而被“警察叔叔”批评教育。生活中的任何东西，都可以被球球拿来当成他游戏世界的材料——把妈妈炒菜的锅盖当雨伞；爸爸的衬衣当雨衣；抱来芭比娃娃当孩子；用积木和小药盒来搭建高楼。球球是他游戏世界中的设计师，一切都任由他的想象来决定。

爸爸妈妈千万不要小看孩子玩游戏这件事情，因为无论孩子在游戏中扮演什么角色，做什么动作，他们的思维都在紧张地活动，例如：想象游戏的情节；不断发展和补充游戏的内容。孩子可以用生活用品作为游戏材料，甚至可以让想象中的内容来代替真实物品。所以，孩子借助游戏，可以学习和运用多方面的知识和技能。

在游戏中，孩子不仅再现各种人物的动作和语言，而且体验着各类人物对不同事物的感情和态度，模仿成年人正确高尚的举止。为了扮演好某个角色，他们努力控制自己的行为，自愿地服从游戏的某些规则。

因此，游戏不只是对儿童进行智力开发的有力手段，也是对孩子进行道德教育的一项措施。前苏联教育家马卡连柯说：“儿童在游戏中怎么样，当儿童长大的时候他在许多方面的工作也会怎么样。”所以，爸爸妈妈切不可把孩子玩游戏当成贪玩或胡闹，而是应该让孩子通过游戏得到成长。具体原因如下：

一、孩子在游戏中可以感知世界

所有生活中的物品都可能成为孩子游戏中的元素，比如锅碗瓢盆就是最好的音乐道具。孩子通过对它们的敲敲打打，可以了解声音的大小、节奏。一面镜子和一支口红可以帮助孩子认识自我，比如把口红涂在孩子的鼻尖上，当孩子在镜中看见自己，并试图抹去口红时，孩子就会意识到原来镜子中的宝宝就是他自己。再比如让孩子给玩具小鸭子洗澡，看看什么东西可以浮在水面上，什么东西会沉下去。像孩子们非常喜欢的吹泡泡游戏就可以让孩子在玩中学到很多知识，当孩子吹出五颜六色的泡泡时，爸爸妈妈让宝宝认识颜色的同时还丰富了孩子的词汇量。

二、游戏可以提高孩子的能力

游戏不仅可以锻炼孩子的动手能力、培养孩子的注意力，还能够开发孩子的智力。比如让孩子玩比赛捡豆子的游戏，爸爸妈妈和孩子一起在规定的时间里看谁捡的豆子多。为了获胜，孩子往往会非常专注地完成一件事情，这类游戏有助于培养孩子的注意力。再比如让孩子找两幅画中的不同之处，以此来培养孩子的观察力。

三、游戏可以培养孩子的品格

在游戏中，孩子通过对游戏规则的遵守，有助于培养良好的品格。比如:孩子经常玩的“躲猫猫”游戏，孩子们在游戏中要互相地合作和配合，有利于孩子团队精神的培养。还有就是过家家游戏，孩子们通过在游戏中担任不同的角色，用游戏表演家庭生活，不仅可以丰富孩子对家庭的认识，而且由于跟不同年龄的孩子一起游戏，便有更多互助合作的机会:大的关照小的，小的服从大的，形成良好的社会关系。

四、游戏可以增进爸爸妈妈和孩子之间的感情

爸爸妈妈和孩子一起做游戏，非常有助于增进亲子关系，尤其是一些平时工作比较忙，不能有太多时间和孩子在一起的爸爸妈妈，如果每天能抽出一定的时间和孩子做游戏，对增进你和孩子之间的感情是非常有帮助的。我在这里要建议的是：当你在和孩子游戏的时候，应该是全身心地投入，将你的全部注意力投入到孩子的身上，这样即使每天只有几分钟，也会收到很好的效果，比如在睡觉前或者在给孩子洗澡时，都是和孩子进行游戏不错的时间。

游戏对孩子来说，既是一种玩耍，也是一种学习；既是一种劳动，也是一种探索；既是一种创造，更是一种成长。

第二部分 聪明妈妈 聪明孩子

孩子是上天派来的天使，承载着我们的希望和未来，宝宝纯净的心灵犹如一张白纸，任由父母为他们涂抹上第一笔色彩，“染于苍则苍、染于黄则黄”，妈妈是孩子崇拜和模仿的对象，妈妈不经意的言行，会给孩子带来一生的影响，聪明妈妈打造聪明孩子。

1 要做“好妈妈”，先做“懒妈妈”

妈妈，并非一个女性天生就能完成的角色，也并不是因为你生了孩子就会是一个好妈妈。妈妈在爱孩子的同时，更应该懂得如何让孩子学会去爱。在为孩子付出一切的时候，千万别剥夺了孩子成长的机会，人生是一次次“断乳”的过程，独立是孩子内在的需求。做个智慧的好妈妈，不妨先从“懒妈妈”开始。

7岁的江江生活在单亲家庭里，从1岁那年爸爸妈妈离婚后一直跟妈妈生活。妈妈常为没有给江江一个完整的家庭而感到自责和内疚，因此在心里暗暗发誓：一定要给孩子更多的爱，让他过得幸福快乐，只要别的孩子有的，江江一定也要有。

妈妈是超市的理货员，为了让孩子得到更好的照顾，从老家把姥姥接来帮忙看管江江。姥姥对江江更是非常疼爱，孩子上幼儿园以前，都是姥姥抱着睡觉，等江江睡着后再放在床上；吃饭从来不让孩子动手，吃一口喂一口；如果带孩子去超市，只要孩子想要的，都是有求必应。妈妈的工资不是太高，经常是为了给孩子买喜欢的东西，姥姥和妈妈只能吃馒头和咸菜。

孩子上幼儿园时，光书包就买了六个，只要孩子喜欢，妈妈从不推辞。在家里江江是个十足的“小皇上”，早上起床要妈妈给穿衣，吃饭也要妈妈喂，就连刷牙洗脸都是妈妈代劳，上学还要姥姥给他背书包。妈妈给江江所做的一切就只有一个心愿——希望江江能够高兴。

可事与愿违，妈妈和姥姥对江江无微不至的照顾，并没有换来孩子的开心快乐。江江的性格变得越来越古怪、脾气很暴躁；江江都快要上小学了，自己还不会使用筷子，不会系鞋带，上厕所不会擦屁股，生活自理能力极差；更为严重的是江江对妈妈的付出不屑一顾，江江想要什么就得马上得到，妈妈不能有丝毫怠慢。

江江上一年级时，因不能适应学校的生活，而被迫留级。据老师反映，江江听课注意力不集中，小动作很多，学习能力差；手不能正确地握笔，书写困难；中午在学校不会自己吃饭；江江因还不懂得与其他小朋友交往，经常打架。在妈妈无限制地满足孩子的过程中，孩子的成长也逐渐偏离了健康的轨道。

这一切是所有妈妈都不愿看到的，但探究孩子行为背后的原因，妈妈不无责任。很多新妈妈在教育孩子的方面很迷茫，找不到合适的方式和目标，只是一味的认为孩子还小，需要家长的照顾和爱，在家里什么都不让孩子去做，物质方面更是尽量去满足孩子的要求，认为爱孩子胜过了爱自己。

同时，妈妈事事为孩子代劳，无形中让孩子觉得妈妈为自己做的一切都是应该的，更为严重的是，孩子的探索精神和学习过程都让妈妈在事事包办中一一抹杀掉了。这些事情虽不大，但却容易让孩子觉得一切事情都可以推给妈妈，以至于养成凡事不动脑筋、没有主见的习惯。而一旦这些孩子走进社会后，他们就会认为周围的人照顾自己理所应当，这会造成交往上的障碍。尤为严重的是，因为平时孩子被家长呵护惯了，所以一旦他们遇到困难就会表现得异常脆弱和低能。正是由于家长对孩子这种盲目的爱，造就了孩子的任性、自私、缺乏同情心和责任感。所以我们要从孩子的需求出发，给他提供学习独立生存、为人处事的各种机会，我们不妨做个智慧的“懒妈妈”，具体做法如下：

一、支持孩子自己来

从两三岁开始，孩子常常会说：“我自己来”“我自己吃”“我自己走”，这表明孩子开始有了自我意识，有了按照自己意愿行事的要求，这时，妈妈就要满足孩子的独立愿望，支持孩子“自己来”，凡是孩子能自己做的事，妈妈尽量支持他自己做，哪怕孩子一开始做不好。随着孩子年龄的增长，妈妈要不断扩大孩子“自己来”的范围，让孩子从自己照顾自己，慢慢向帮助家长做家务等事情扩展。

二、让孩子自己做决定

现实生活中，很多妈妈不把自主权放给孩子，就是因为不相信孩子有自己的判断力。其实，孩子也是独立的个体，他们有自己的观念和判断，也许他们生活经验还不足，可能会出现错误的判断，但这种错误是可以理解的，也是必要的，他们需要从中吸取教训。

没有足够的自由发展空间，没有足够的实践，将来需要孩子自己作判断的时候就很可能束手无策，毕竟谁也不会一开始就能自主判断。

三、让孩子学会学习

随着孩子年龄的增长，他们会产生摆脱各种束缚和依赖的独立倾向，会越来越喜欢探索活动，努力在生活中寻找问题的答案，这是儿童心理发展的正常现象。妈妈要允许孩子自由探索，孩子在探索活动中，不仅仅得到了探索的乐趣，而且思维能力、创造力也都得到了发展。

因此，做一个“好妈妈”的标准就是看你是不是能培养一个“好孩子”。

2 妈妈如何保持童心

孩子的世界你懂吗？我曾在网上看到过一个美国孩子写给父母的信：

“我的手很小，无论做什么事，请不要要求我十全十美。我的脚很短，请慢些走，以便我能跟得上您。我的眼睛不像您那样见过世面，请让我自己慢慢观察一切事物，并希望您不要过多地加以限制。家务事是繁多的，而我的童年是短暂的，请花些时间给我讲一点世界上的奇闻，不要只把我当成取乐的玩具。我的感情是脆弱的，请对我的反应敏感些，不要整天责骂不休。不要严厉地批评、威吓我。您可以批评我做错的事情，但不要责备我本人。请给我一些自由，让我自己决定一些事情，允许我不成功，以便我从不成功中吸取教训，总有一天，我会自己决定自己的生活道路。请让我和您一起娱乐，孩子需要从父母那里得到欢乐，正像父母需要从孩子那里得到欢乐一样。”

事实上，我们有些爸爸妈妈教育孩子的失败往往就是因为缺乏童心。孩子有自己的天地，他们对任何事物都感到新奇，充满了幻想，爱玩游戏，爱提问题。当孩子从幼儿园里回来兴高采烈地向你讲述他的“奇特”经历的时候，你是否觉得无趣？当孩子为你精心地准备了一顿儿童“大餐”时，你是否觉得非常荒唐？有些爸爸妈妈喜欢用成人的眼光来看待孩子的行为，这种脱离年龄特点的教育很容易造成两代人的隔阂。

孩子的童心应该受到所有人的尊重，尤其应该受到自己爸爸妈妈的尊重，家长只要尽可能多地保留一些童心和童趣，就会发现教育孩子其实并不是一件很难的事情。

有一次，我正在熨衣服，2 岁的女儿却在一旁吵闹着要我跟她玩“医生给小孩看病”的游戏。这个游戏我已经陪她玩过好几次了，说实话自己很不想玩，就冷冷地对女儿说：“天天玩这些游戏，有什么意思，你没看到妈妈正忙着吗，你自己玩吧。”说完话我就继续做我的事情，不料孩子“哇”地一声大哭，那样子，委屈极了。看到孩子的样子，我只好停下自己的事情陪着她一起玩玩具，孩子很快就破涕为笑，高兴地玩了起来。

玩“看病”游戏对于一个妈妈来说，确实没有什么意思，可是孩子就不同了，他们在玩“看病”的过程中会加入自己的想象：有故事、有人物、有情节，模仿和体验成人的生活。所以如果妈妈不能想到这一点，而以一个成人的眼光来看待孩子的行为，很容易造成爸爸妈妈和孩子即使近在咫尺，也很难达到心灵的契合，两代人之间找不到共同的爱好和语言，难以真挚地交流思想和感情。所以，要使我们的教育能潜入孩子的心灵，引起“教育效应”，做父母的一定要有一颗童心。

那么，爸爸妈妈应该如何做才会拥有同孩子一样的童心呢？以下几点供您参考：

一、要了解孩子的心理

不了解孩子的心理就不会有童心，尽管您是为了孩子着想，但很难取得好的效果。比如，孩子下雪天想和小朋友去打雪仗，可是妈妈怕孩子着凉，把他关在屋子里。孩子苦苦哀求：“妈妈，让我玩一会儿吧，玩一会儿就回来。”妈妈却说：“外面天气冷，当心着凉。他们比你大，会欺负你的。你有这么多玩具，在家自己玩！”孩子哭了，这方小天地怎么能与小伙伴打雪仗相比呢？

二、要知道孩子的要求

每个人都有自己美妙的童年，爸爸妈妈可以回忆一下自己的童年生活，自己小时候是不是经常为了拍洋画、弹球、打弹弓、跳皮筋、跳房子、吹泡泡、过家家而忘记了回家？想想自己是不是也曾迷恋过骑马打仗、打雪仗、藏猫猫？爸爸妈妈经常回忆一些自己的童年生活，对理解孩子的童心是有帮助的，有助于我们保持一颗童心，和孩子更好的交流。

三、保持童心也要与时俱进

爸爸妈妈要看到社会的变化，有些家长说，我有童心，我经常拿我小时候的情况与现在的孩子比，可越比越麻烦，与孩子的代沟越深。所以爸爸妈妈不能局限于自己的年代，完全沉浸在自己儿时的那颗“童心”中，而是要用发展的眼光看待孩子的童心。现在的孩子与爸爸妈妈小时候的爱好不同了，因为社会发展了，孩子的生活条件改善了，以前家长玩的玩具，现在没有了，现在孩子的玩具，爸爸妈妈也没有见过；玩的方式也有了变化。我们的童心也要跟得上时代的脚步，要保持和孩子童心的平行。

因此，爸爸妈妈要用新眼光，不断更新自己的童心，跟上孩子的童心。了解孩子不同时期的心理特点，了解孩子的兴趣、爱好、性格的变化，理解孩子的欢乐和苦恼，这是保持童心、缩短与孩子之间的距离，与孩子心灵相通的基础。

3 别拿孩子和别人比

我们大多或看到或听到过这样的场景——大人对着孩子大声呵斥:“瞧你这个孩子，一点也不乖，你看谁谁，又听话，又聪明，你怎么就这么不争气呢？”拿自己的孩子和别的孩子比，这个话题虽然是老生常谈，但是不管是不经意间，还是有意所为，很多家长都难逃出这个怪圈。究其原因，大部分家长无非是想让孩子通过比较能有所警醒，能做得更好。但事实果真如家长所愿吗？

邻居的女儿妞妞曾是班里的学习委员，学习很用功，可是学习成绩一直在班里排第 10 名左右，以分数论成败的妈妈总觉得孩子的学习成绩不太理想，心里非常着急。有一次，妞妞数学考试得了 92 分，排在班上第五名，看到自己分数有了提高，妞妞非常高兴。可回家后，妈妈很生气地说:“我知道隔壁的青青考了 99 分，你怎么才考了 92 分呢，差 7 分呢！你知道如果是考大学，这 7 分意味着什么吗？……你真是太让我失望了！”面对妈妈的数落，妞妞觉得非常委屈，却又不敢顶嘴。

在妈妈的高要求之下，妞妞学习丝毫不敢懈怠。可是渐渐地，妞妞也不知道为什么，学习成绩却慢慢地下降了，因为她总不相信自己，觉得自己永远都超越不了别人，有时自己真的很想考一个好的成绩给妈妈看，来证明自己，可是越想好好考，反而越是考不好，妞妞对学习产生了很深的畏惧心理和厌倦情绪。

妈妈长时间拿妞妞跟隔壁青青相比较，慢慢地让妞妞的心理失去了平衡，实在忍受不了的妞妞终于“爆发”了——妞妞因“失手”将青青的左手用小刀刺伤。而妞妞的理由就是：她让我变成了妈妈眼里的坏孩子。隔壁的青青衬托了妞妞的缺点，由此让妞妞产生了妒忌和憎恨的心理。

我们在惊讶孩子的心理如此脆弱的同时，又是否反思过家长的言行在其中又起到了怎样的作用呢？

爸爸妈妈都希望自己的孩子是龙驹凤雏，也希望用这种比较的办法激励孩子上进。可爸爸妈妈千万别忽略了孩子的感受，面对家长的“比较”，心理素质好的孩子也许扮个鬼脸，或赌气不理会；可心理素质差点的孩子，心里就会有一种排斥或逆反心理。如果这种不良的情绪得不到有效的缓解，对孩子心理的健康发展非常不利，主要的危害有：

一、不利于孩子自尊心的培养

孩子的自尊心是需要保护和培养的，爸爸妈妈在拿自己孩子的弱项和别的孩子的强项比的过程中，无形中是对孩子的一种否认，长此以往，容易让孩子变得不自信，觉得自己真的不行。

二、形成攀比心理

尺有所短，寸有所长。正所谓“人外有人、山外有山”，如果孩子养成了和别人攀比的习惯心理，将来走向社会后，面对形形色色的不公平和差距，失落感会伴随孩子一生，那将是一件很痛苦的事情。

三、容易让孩子破罐破摔

孩子的好行为需要家长的强化，并逐渐形成好的性格，如果一味地批评和指责，把孩子的短处一遍遍地拿出来和别人比较，这其实也是对孩子的一种强化，很容易让孩子放弃努力，自暴自弃。

也许有的家长会对此非常不解，觉得孩子们之间进行比较是很正常的事情，如果孩子确实在某些方面不如别的孩子好，我们还不能说说了？其实怎么比，也有一些小技巧：

一、拿孩子的现在和过去比

家长可以把孩子最近的表现和过去做一个比较，如果现在孩子比以前有了进步，一定要对孩子进行肯定和表扬。要知道，孩子很在意家长对自己的看法，家长的表扬，对孩子有很大的鼓舞，尤其是对于那些经常得到家长批评的“差孩子”，适当的表扬和肯定，也许是孩子转变的契机。

二、拿孩子的现在和将来比

家长可以和孩子共同制定一个合理的目标，如果孩子没能达成目标，家长可以帮孩子一起分析原因，有针对性地进行攻克。当孩子达到这个目标时，如果能得到家长的肯定，那一定会给孩子很大的信心，孩子也会从比较中体验到幸福和快乐，有助于孩子有勇气去迎接更大的挑战，当孩子获得一个个“成功”的时候，离优秀也就不远了。

三、比较中别忘了鼓励

我们多一点鼓励的技巧，让孩子更好地顺着好地方向发展。我们可以多抽出点时间来陪陪孩子，多和他们沟通，你会发现孩子会很快乐，因为他们被重视、被尊重，结果是不一样的。

这里需要说明的是，家长拿自己的孩子和别人比不是完全不可以的，正确的做法应该是，一定要用一种平和的心态去对待孩子的优缺点。不要拿别的孩子的优点跟自己孩子的缺点比，要看到自己孩子的优点，别忘了给孩子鼓励和赞扬；也要正视孩子的不足，积极引导，帮助孩子提高。千人千面，人的个性差异千差万别，有些事不是谁都能做得到的。爸爸妈妈在比较的同时，切不要忘了对孩子自尊心和自信心的保护和培养，让孩子学会珍惜自我的价值。

4 孩子眼中，妈妈最美

在孩子的眼中，妈妈是最美的。妈妈是阳光，为孩子带来光明和温暖；妈妈更是一把伞，能遮住风雨、抵挡烈日；妈妈的一颦一笑，都充满了无尽的深情；妈妈是孩子所崇拜和模仿的对象，妈妈不经意的言行，会给孩子带来一生的影响。

我曾经看到过这样一篇报道：

美国一位著名心理学家为了研究妈妈对人一生的影响，在全美选出50位成功人士，他们都在各自的行业中获得了卓越的成就，同时又选出50名有犯罪记录的人，分别写信给他们，请他们谈谈妈妈对他们的影响。其中有两封回信给他的印象最深——一封来自白宫的一位著名人士；一封来自监狱一名服刑的犯人。他们谈的都是同一件事——小时侯妈妈给他们分苹果。

那位犯人在信中这样写道："小时候，有一天妈妈拿来几个苹果，红红绿绿，大小各不同。我一眼就看见中间的一个又红又大，十分喜欢，非常想要。这时，妈妈把苹果放在桌上，问我和弟弟：'你们想要哪个？'我刚想说我想要最大最红的那个，这时弟弟抢先说出了我想说的话。妈妈听了，瞪了他一眼，责备他说：'好孩子要学会把好东西让给别人，不能总想着自己。'于是我灵机一动，改口说：'妈妈，我想要那个最小的，把大的留给弟弟吧。'妈妈听了非常高兴，在我的脸上亲了一下，并把那个又红又大的苹果奖励给我。

我得到了我想要的东西，从此我学会了说谎。以后，我又学会了打架、偷、抢。为了得到想要的东西，我不择手段。直到现在，我被送进了监狱。"

那位来自白宫的著名人士是这样写的："小时侯，有一天妈妈拿来几个苹果，红红绿绿，大小各不同。我和弟弟们都争着要大的，妈妈把那个最大最红的苹果举在手中，对我们说：'这个苹果最大最红最好吃，谁都想要得到它。很好，现在让我们来做个比赛。我把门前的草坪分成3块，你们3人一人一块，负责修剪好。谁干得最快最好，谁就有权得到它。’我们3人比赛除草。结果我赢了那个最大的苹果。

我非常感谢母亲，她让我明白一个最简单也是最重要的道理：要想得到最好的，就必须努力争第一。她一直都是这样教育我们的，也是这样做的。在我们家里，你想要什么好东西就必须通过比赛来赢得，这很公平。你想要什么、想要多少，就必须为此付出多少努力和代价。母亲是孩子的第一任教师，你可以教他说第一句谎话，也可以教他做一个诚实的永远努力争第一的人。”

在孩子的成长过程中，妈妈的影响最大，因为一个人一生中最早受到的教育就来自家庭、来自妈妈，妈妈的言行甚至会影响孩子的整个人生轨迹。主要原因如下所述：

一、妈妈是孩子的第一位老师

郭沫若先生就说过：“我母亲事实上是我真正的蒙师，她在我未发蒙以前，就教我背诵了好些唐宋人的诗词了。”茅盾也说过：“我的第一个启蒙老师是我母亲。”老舍曾说过：“我的真正的教师，把性格传给我的，是我的母亲。”

二、妈妈是孩子最初的模仿对象

很长的一段时期内，他们也是唯一的模仿对象。在一切都需要模仿的时期，妈妈作为被模仿者，主导着孩子的生活。所以，妈妈的作用怎么强调都不过分。宝宝很小的时候，你可能会感到，当孩子模仿你时，你的面前似乎有一面镜子，你做什么，宝宝也做什么。如果宝宝看到大人抽烟，观察手是如何在嘴前往复的，他或许会用一块积木代替香烟来模仿你。

三、孩子对妈妈最信任

孩子最初还没有分辨能力，他们对妈妈的模仿并不分好坏，因为都源于孩子毫无保留的信任妈妈。妈妈要求孩子学的，孩子会模仿，妈妈担心孩子学的，孩子依旧会模仿。

孩子无法选择自己的妈妈，社会也不能要求什么人需具备什么样的素质才能做妈妈。不少社会学家、教育家曾发出这样的忠告：世界的命运不是掌握在当权者手中，而是掌握在妈妈手中。文明的教育请先从改造妈妈开始，因为在孩子眼中，妈妈最美！

5 妈妈的想象力，孩子的创造力

您是否见过这样的场景：孩子拿个小棍当马骑；坐在凳子上“开火车”；拿个小树枝当铲子，在空盘子里假装炒菜；披上妈妈的纱巾当小仙女……而您是否把这些举动看成是孩子在胡闹？

几乎每位妈妈都希望自己的孩子富有创造力，希望自己给予孩子的爱正是孩子所需要的，希望自己的爱能够成为孩子成长的动力。

两岁半的小女孩素素把一个空盘子放到妈妈的面前，跟妈妈说："给您吃。"结果妈妈的回答是："盘子空空的，你要我吃什么？"素素说："您可以假装吃呀！不用真的吃。"我们的生活中，这种"泼冷水"的话语你是否说过？也许只是不自觉地或无意间的一句话，就把孩子思考其他方向的可能性做了完全的否定。孩子是白纸，看到听到的任何话语，都会在孩子的心里产生影响。一个有创意的妈妈，也许会这样回答："你做了什么样的菜给我吃呀，让我来仔细看看！不错呀，怎么这么香，你能不能告诉我你放了什么好菜？""你能不能再帮我做一碗汤呢？"这种回答不仅认同了孩子的想象力，并且用开放式的问句引导孩子做更深一层的想象，有助于孩子再次发挥他的创造力，思索出不同的菜色组合。这些恣意的想象和创造，就是孩子创造力的最初表现。

在美国，曾发生过这样一个故事：

1968年，内华达州一位叫伊迪丝的3岁小女孩告诉妈妈，她认识礼品盒上"OPEN"的第一个字母"O"。这位妈妈听后非常吃惊，问她是怎么认识的。伊迪丝说是"幼儿园的薇拉小姐教的"。令人想不到的是，这位母亲立即一纸诉状把薇拉小姐所在的幼儿园告上了法庭，她的理由令人吃惊，竟是说幼儿园剥夺了伊迪丝的想象力，因为她的女儿在认识"O"之前，能把"O"说成苹果、太阳、足球、鸟蛋之类的圆形东西，然而自从幼儿园教她识读了"O"后，伊迪丝便失去了这种能力。

有想象力的妈妈才能培养出有创意的孩子。您可以自我审视一下，是否每天都会产生并运用新的创意？您会去参加跟自己所学无关的课程或会议吗？您是常问“如果……”之类问题的人吗？每天我们是否做了“干预”孩子创造力发展的事情。

孩子是天生的幻想家，想象力是一般思维上升为创造性思维的养料，因此，孩子的创造力需要保护、开发和培养。尤其是早期儿童的创造力主要表现为创造性想象。想象力是儿童智力活动的翅膀，透过儿童的想象力，我们可以洞悉孩子的心灵世界和他们的智力发展。孩子这些看似“幼稚”的举动，正是他们创造性的表现，是他们日后创造力的源泉。培养孩子的创造力需要妈妈注意以下几点：

一、为孩子提供创造力的土壤

培养孩子的想象力和创造力，就要为孩子提供想象力和创造力的肥沃土壤，让孩子的想象力尽情地驰骋。比如，在孩子睡觉前，我们都会给孩子讲故事，我们不要只把讲故事当成哄孩子入睡的催眠剂，因为讲故事的过程是培养孩子创造力的好机会。妈妈每次讲的故事最好有连贯性，这样，孩子的兴趣会更大，爸爸妈妈在给孩子讲故事时，不妨经常提出“下一步会怎么样，知道吗？”“怎么救这个人？”这样的问题，如果孩子答不出，您可以讲几条线索，让他选择，以培养孩子的构思能力，并且妈妈一定要会使用“且听下回分解”，当妈妈讲到故事的精彩处时，及时打住，让孩子自己去想象故事的发展，孩子在自由幻想的世界里，创造思维就会萌发。

二、思考是创造的前提

一个有创造力的人，也必定是个会思考的人。在我们的生活中，爸爸妈妈常常会不知不觉地剥夺孩子思考的权利。比如，孩子在做作业中遇到问题向家长求助时，很多家长会帮孩子去完成，而不是鼓励孩子自己开动脑筋去思考，要知道安静的思考是开发孩子大脑的有效方式。再如，当孩子和伙伴们发生了矛盾时，家长就会出面，要么发一顿脾气，要么不假思索地告诉孩子应该谦让或者“斗争”。殊不知，爸爸妈妈这样做就会剥夺了孩子们独立思考、自己解决问题的机会。

三、保护孩子的想象力，培养孩子的创造力

妈妈要懂得培养孩子的创造力需要给予孩子思想的自由，当孩子正热衷于某一事物的时候，不要打断他，不要用大人的想法来对孩子所专注的事情指手划脚；要对孩子所做、所想的事情给予充分的肯定和赞扬。比如，孩子画了一棵红色的树和绿色的太阳，爸爸妈妈最好先问问孩子为什么会这样画，而不是急于去纠正孩子，说“树应该是绿色的，太阳应该画成红色”。妈妈要允许孩子毫无保留地表达自己的看法，并且不必担心为此受到惩罚。同时爸爸妈妈不要过早地对孩子下结论，应该接受孩子的创意，让他们对自己的想法和行为建立自信，一个不敢另辟蹊径、完全遵照大人指示办事的孩子是很难创造性地表达出内心世界的。

正如西方民谣所说的：“挑剔中成长的孩子学会苛责，敌意中成长的孩子学会争斗，羞辱中成长的孩子学会自疚，宽容中成长的孩子学会忍让，鼓励中成长的孩子学会自信。”想要培养孩子的想象力和创造力，首先要做一个有想象力的妈妈。

6 每个孩子都能成功

每一位妈妈，从孩子生下的第一天起，就期待着孩子的成功，就已经开始编织起孩子成功的梦。但您是否想过，在自己的心中孩子成功的标准是什么？孩子怎样才是我们想要的成功？我们又是否具备了培养成功孩子的能力？

您是否听过这样一个故事：

一个小女孩，偶然发现蚯蚓断成两半后，两半都在蠕动，感到特别好奇。她把断了的蚯蚓分别搁进两个有土的花盆里，想观察一下断了的蚯蚓还能不能活。妈妈见了非常生气地说：“一个女孩子，摆弄什么泥巴，没出息！”就把有蚯蚓的两块泥巴扔出了门。也许妈妈这个不经意的“一骂、一扔”，就把未来的一位女科学家给断送了。

一个孩子的成功是有原因的，妈妈对孩子的教育起着非常重要的作用。下面让我们看看一个成功孩子背后的妈妈是怎样对孩子进行教育的：

国际象棋大师谢军的成功与她的妈妈尊重孩子的选择有密不可分的联系，当谢军面临去棋队还是继续上学的选择时，她的妈妈并没有武断地给孩子做决定，而是尊重孩子的特点和爱好，把选择权交给了谢军。当时的谢军也处于两难境地，她想上学更想去下棋，因为只有她自己知道，只要往棋盘前一坐，她就会无比地畅快、兴奋。而妈妈考虑更多的是她的学业和前途，既不愿因家长干预而断送一个确有天才的棋手，也不愿女儿为此耽误一生。于是，母女间进行了一次很严肃的交谈，最终妈妈大胆地把决定权交给了当时只有12岁的谢军。

试想，如果当年妈妈硬逼着谢军读书，压制她对国际象棋的爱好，那么，现在谢军也许会坐在大学的教室里，而我国就会少了一位出色的棋手。谢军的身后，有一个伟大的妈妈！

其实每个孩子都有无法估量的潜能，只要教育方法得当，对孩子的成长始终如一地抱有信心，每个孩子都能成功。主要做法有：

一、要善于“认识”您的孩子

每个孩子都是独一无二的，他们拥有不同的先天禀赋、智能结构、生活环境和成长周期，因而不能以某个孩子的成功模板来强加给自己的孩子，而是要先“认识”我们自己的孩子。只有孩子按照自身的特点去学习和成长，在适合自己的人生道路上，一步一个脚印地走下去，收获属于自己的那份幸福和快乐，就是一种成功，就应该赢得家长和社会的喝彩和掌声。

二、我们要善于挖掘孩子的智力潜能

任何人的成功，都离不开智力因素和非智力因素。智力因素主要包括观察力、想象力、注意力、思维力和记忆力；非智力因素，主要指人的情感（包括道德品质）、意志、性格、气质等。人的一生中，儿童时期正是智力发展的关键时期，这一时期的智力发展，将直接影响到一个人一生的智力发展。因此，抓住孩子智力发展的黄金时期，及时开发孩子的智力潜能，是教子成才、助子成功的重要途径。

三、善于发现孩子的兴趣爱好

兴趣，是一个人走进成功大门的钥匙。孩子能不能成功，关键是他的兴趣能不能早一些被发现，而且被大人所注意。考试的分数不能代表孩子所有方面的能力，而兴趣才是孩子成功的基础。

您可以从以下几个方面来发现孩子的兴趣：

1、孩子是否对某一个方面非常的热爱，非常感兴趣，甚至为之着迷；

2、孩子是不是喜欢不断研究某个领域的一些资料，比如，通过网上查询资料、翻阅相关的科普书、参加讲座、不断地缠着您问“为什么”；

3、有没有一件事情，如果要其他孩子完成起来很难，而您的孩子完成起来易如反掌，或者您的孩子在某些地方比其他孩子更加杰出，比如：动手能力更强、动作更加迅速、更加聪明敏捷；

4、有没有发现孩子做某些事情有充分的满足感和自豪感，而且他迫不及待地想要再次体验；

5、孩子有没有在闲暇的时候喜欢研究某个问题，而且已经和他的学习、生活密不可分。

世界上根本没有绝对的所谓“好孩子”和“差孩子”，每个孩子都有他独特的灵魂，都有他与众不同的优势和特点，不要戴着有色眼镜去看待我们的孩子，其实只要我们善于培养，每个孩子都能有所成就。

7 我们的梦想别让孩子去实现

“世界上没有不爱自己孩子的父母”，哪个家长不希望自己的孩子成才，哪个爸爸妈妈不希望自己的孩子健康成长，但是我们的爱有时也会失去方向。

王女士很喜欢音乐，小时候由于家里穷，没有机会去学琴，一直引以为憾。为了圆她儿时的梦，就把希望寄托在女儿姗姗的身上。姗姗5岁的时候，就为她购买了钢琴并让孩子参加了钢琴培训班的学习，看到女儿的小手指在黑白键上一步一步蹒跚走路时，王女士心里有说不出的高兴。但是随着孩子学琴日子的增长，王女士的烦恼也越来越多。

首先，孩子每次听课的过程就令妈妈非常头疼，因姗姗是个性格活跃的孩子，在上课时，听不了一会就坐不住了：一会去喝水，一会儿又要去厕所。看着其他的孩子都在认真地听讲，只有姗姗从教室里进进出出，王女士心里非常着急。为了不让孩子的学习受到影响，王女士只好认真地记好课堂笔记，回家后再给孩子辅导。这样时间一长，王女士也感到身心疲惫。

其次，督促孩子练琴。学琴的关键一步就是要练琴，每次上完课老师都要给孩子留下在家里练习的曲目。刚开始学琴时，课程比较简单，姗姗学得还很起劲，在家里自己也能自觉地坐到琴凳上聚精会神地练习。每当王女士下班时，听到从自己家里传出的琴声，心里感到美滋滋的。可是随着乐曲难度的增加，姗姗发现学琴并不像她想象的那样轻松和好玩，练琴的兴致也降低了，慢慢地对“练琴”还有了抵触情绪，妈妈不催姗姗练习，她就不会主动去弹，当妈妈硬把姗姗拉到钢琴边时，她就会带着情绪弹，故意不按照老师的要求去练习，妈妈实在看不下去时，就动手打孩子，孩子被逼无奈只好含着眼泪把曲子练完。

第三，带孩子去找老师学琴也令王女士发愁。每当找老师学琴时，孩子总是以各种理由来试图逃课，出门时也是磨磨蹭蹭，妈妈只好又拉又拽地把孩子带到老师那里。有一次妈妈生气地说："你再这样磨蹭，我就不让你学了。"孩子的回答是："妈妈，我现在就不想弹了。"

孩子是我们生命的延续，但孩子不是我们的复本，他是一个独立的个体，有自己的兴趣喜好、特长优势和学习生活方式以及自己的未来，每个孩子都有权力选择自己长大后想成为什么样的人或长大后想干什么。如果孩子的兴趣、爱好和爸爸妈妈的期望一致当然最好，如果孩子的兴趣爱好和想法不符合您的愿望，那么，作为家长还是应该努力为孩子创造一块自由驰骋的天地，让孩子在自己所喜爱的领域里充分发挥才能，家长决不能越俎代庖，强人就己。那样，不仅不利于孩子的健康成长，还会使孩子的智慧幼芽刚出土就遇到损伤。在这里，我要给您提出以下建议：

一、不要让孩子背负着家长太多的期望

孩子承载着家长的愿望，时间一长有些孩子因受不了这样的安排，就学会了叛逆，学会了作对，甚至伤害自己作为发泄。有些家长对孩子期望过高，让孩子承受了在他们年龄阶段本不该承受的东西。

爸爸妈妈应该教会孩子如何决定自己的人生，如何学会解决困难，而不是一味地要求孩子听自己的，如果孩子的许多美好想法被抹杀，得不到家长认可和鼓励，留下的只能是越来越多的憎恨。

二、充分尊重孩子的兴趣爱好

兴趣是最好的老师，孩子的理想对孩子来说，有着无穷的魅力，对孩子的成长具有巨大的激励作用。当然孩子还小，决定将来走什么路还为时过早，他的想法可能还会发生改变。但是孩子只有一个童年，如果用家长的理想去左右孩子的生活，让他们在各种学习的重压下长大，不利于家长去发现孩子的兴趣和优势，就更不会对孩子进行有针对性的教育。

三、要对孩子的兴趣进行科学的引导

作为爸爸妈妈，孩子有了理想，应该为他感到欣慰和自豪，并给予肯定。因为如果爸爸妈妈支持孩子的理想，孩子就会从家长那里获得力量，获得勇气，树立信心。当然，在孩子成长的过程中，爸爸妈妈还应予以多方面的关注，给孩子提供建议和支持，以使孩子的理想成为现实，或者更上一个台阶。同时，父母还要提醒孩子，无论将来做什么，都要做一个正直的人，有知识的人。

总之，爸爸妈妈要引导孩子走路，但不要代替孩子走路；要让孩子去实现他们自己的梦，而不是实现父母的梦。

8 你是否赞成人前训子

您是否认为，孩子有错误就该立刻批评，不管有谁在场？或者在与朋友聊天时，可以随便拿孩子的一些缺点或糗事作为谈资或笑料，并且还当着孩子的面？您是否觉得这样做更有利于改掉孩子的缺点，或者曾经很奏效？

刘女士参加朋友聚会，带上了4岁的儿子亚亚。吃饭时，亚亚有点笨拙地夹起一块鸡腿，正要往嘴里送时，他的小手一歪，整个鸡腿掉到了衣服上，随即又滚落到地上，漂亮的衣服上顿时沾上了污渍。此时，刘女士显得非常尴尬，生气地对亚亚说："你这么大了，连个鸡腿都夹不住，刚给你换的新衣服也弄脏了吧！"听到妈妈的训斥，亚亚小嘴一撇哭了起来。"你还有脸哭，你看哪个小朋友和你一样，真笨！你再哭我可就不要你了，你一个人在这里哭吧！"亚亚只好强忍着眼里的泪水。接下来亚亚就不敢吃菜了，只顾低头吃自己碗里的饭。见状，妈妈就开始借题发挥，把平时孩子的毛病缺点全盘托出：什么上幼儿园不听阿姨话啦，什么见人不打招呼，在家不好好吃饭等等，全都说了一遍。

面对孩子的"不给面子"，我们不妨采取另外一种做法：

有一位张女士在下班的路上碰到了大学同学，就邀请同学到家来认认门，可让她没有想到的是，当她打开房门时，整个屋里一片狼藉：地板上洒满污水，沙发被涂成了五颜六色，玩具随处乱放。

同学看到这种场景也只好笑笑说："有了孩子的家里就是不一样呀！"要知道张女士在同学中可是有名的贤妻良母、持家有道的人，都知道她家里干净利索，可这次却被同学撞了个正着，当时张女士尴尬极了，真想找个地缝钻进去，但她还是强压住了心里的怒火。等同学走后，她就把3岁的女儿琳琳叫到身边，问她地上的水和沙发上的颜色是怎么回事。琳琳也知道做错了事，一言不发只是低着头。张女士想了想说："刚才阿姨在做饭，你是不是和小猫在客厅里玩？"琳琳点点头，"那妈妈知道了，一定是小猫把水洒了一地，也淘气地把沙发弄脏了，那琳琳以后要告诉小猫：水不能随便洒在地上，如果想画画要找一张纸，不能随便画在沙发上，好吗？"听了妈妈的话，琳琳满脸愧疚地抚摸着小猫，似乎在思考什么。吃饭时，琳琳向妈妈承认了错误："这些都不是小猫干的，都是我干的，我以后不这么做了。"

中国有句古话："堂前训子，背后教妻。"意思是教育孩子可以在大庭广众下进行，不用给孩子留面子，但教导妻子则要照顾她的面子。其实，这种"人前训子"教育法是不可取的，在对孩子训斥的时候，您是否想过孩子也是一个有独立人格的个体，他也同样有"面子"，而且更需要对他进行自尊心的培养，教育不能伤害孩子自尊。我对这此的观点如下：

一、"人前训子"有悖于儿童心理发展规律

儿童长到2岁多时，开始出现自主意识。平时说话中也常常会出现“不”“我”之类的词汇。这个阶段的孩子，常常强调自己立场的重要，具有一定分辨是非的能力，也会表现出一定的自尊心。这个阶段一般会持续到6-7岁，称之为孩子的第一个叛逆期。

在外人面前训斥孩子、强迫孩子做自己不喜欢的事、揭发孩子的短处等，这些行为会让孩子幼小的心灵产生挫败感和羞辱感，给孩子的心理留下阴影。此外，常常在外人面前受到家长批评的孩子，还会缺乏安全感以及对父母的不信任感，从而疏远与家长的关系。孩子在家长面前不受到尊重，常常是家长与孩子产生隔阂的原因。

二、“人前训子”容易让孩子产生自卑心理

不顾及孩子的感受经常性地进行“人前训子”，会使孩子慢慢地认为自己“真的不行”“不如别的孩子”等心理，觉得自己是个不争气的孩子，甚至还会导致孩子出现一些心理问题，比如自卑。长此以往，孩子有可能就会破罐破摔，如果不注意引导，会在孩子的心灵上埋下隐患。自尊和自卑是相互对立的，要想培养出一个有自尊心的孩子，就要从如何保护孩子的自尊心的角度出发，给足孩子“面子”，要善于保护孩子的自尊心，从如何爱护孩子的面子，保护孩子的自尊心和自信心方面来入手，把孩子放在平等的位置。当孩子犯错或者需要指出孩子的一些缺点时，我们不妨给孩子一个台阶下。

三、“人前训子”应改为“人后训子”

当孩子无意间犯下错误，或是偶尔提出无理要求时，家长要知道，教育孩子的最终目的是让孩子认识错误并改正错误，而不是让孩子无地自容。在公共场合，只要不是必须立即制止的错误，还是要给孩子留足面子，过后再换个机会“人后教子”。

四、别把糗事当笑料

要维护孩子的面子，注意不要宣扬孩子的错误。面对熟人或朋友对孩子的夸赞，很多家长会担心孩子听到后会洋洋自得，于是刻意在孩子面前向外人数落他的不是。在这种场合下随意数落孩子的缺点，不仅不能达到控制孩子骄傲的作用，反而会伤害孩子的自尊心和自信心。

9 我是男子汉，她是小淑女

爸爸妈妈都希望自己的儿子将来能成为顶天立地的男子汉，女儿能成为娇柔贤惠的小淑女。然而，现在社会上也出现了一些这样的现象：有的男孩说话细生细气，动作扭扭捏捏；相反，不少女孩留短发、穿T恤衫和运动裤，把自己打扮得既酷又帅。

2岁的嘉嘉有一次与小表妹一起洗澡，两人在水中快乐地嬉戏，很快，两人的注意力转移到彼此身体的不同上。嘉嘉认为小表妹比自己缺少了一样东西。洗完澡出来，嘉嘉带着一脸的疑惑问妈妈：“为什么妹妹没有小鸡鸡？”

“妈妈，我是男孩还是女孩？”这是1-2岁孩子普遍会问的一个问题。孩子的性别教育，对于妈妈来说似乎再简单不过：男孩就是男孩，女孩就是女孩，没有什么教导可言。但是，对孩子进行正确的性别角色教育不仅关系到孩子日后正常的社会交往、恋爱、婚姻、家庭生活，还会影响其心理发展。

前不久，关于幼儿园年幼的孩子入厕时该不该“男女有别”的问题在网络上炒得沸沸扬扬，几十年来，我国幼儿园习以为常的“男孩女孩同厕”的做法开始遭到一些家长和幼教专家的质疑。与此同时，一些条件优越的幼儿园里，“男女分厕”或是类似于分厕的做法已经悄然开始实施，对于幼儿园孩子的性别教育也在关于“男女分厕”的争论中逐渐展开。

孩子生来虽有性别之分，但性别意识和性别平等的观念却并非天生，需要通过教育手段来培养，做好孩子性别教育，才能帮助孩子养成健全的人格。

孩子的性别角色意识从3岁以后就开始建立了，而真正形成是在孩子进入青春期之后。孩子在6-12岁的小学阶段期间，注意力大都集中在学习文化知识和兴趣培养上，所以这个阶段属于孩子性别意识的潜伏期。从小对孩子进行性别教育有利于孩子形成健康的人格，为他们进入青春期后正确处理两性关系打下牢固的人格基础。

幼儿阶段所受的影响要比青春期孩子所受的影响大得多，大部分有同性恋倾向的人，都会追溯到幼儿阶段的经历，爸爸妈妈对孩子从出生就应开始的性别教育要引起高度的重视。鉴于此，在孩子性别教育方面给您做出如下建议：

一、用积极的态度对待孩子的性别教育

当孩子向爸爸妈妈提出有关性方面的问题时，家长不要太过于忌讳和回避，而是应该用积极的情绪来引导孩子对“性”的初步认识。根据孩子的年龄特点、兴趣爱好和实际情况，在孩子能理解的范围内进行适当的教育。

二、认识和满足孩子的合理需要

性别教育从心理学讲从2岁以后就开始了，因为2岁的女孩子就不用穿开裆裤了，而有的男孩还穿开裆裤。真正的性别意识是从5岁开始，那时孩子们已经接受自己的性别，女孩习惯了女孩的穿着、打扮，男孩子也已习惯自己是男孩了。实际上这个时候孩子对性别的意识很差，往往是家长决定孩子的穿着和行为：穿什么衣服、什么行为可以做、什么行为不能做，需要家长用这种方式为孩子建立性别概念。

三、为孩子从小建立正确的性别观念

爸爸妈妈要告诉孩子“你是女孩”或者“你是男孩”，让孩子知道女孩的性别角色和男孩的性别角色有什么不同。因为性别角色是以性别为标准进行划分的一种社会角色，它决定着一个人的行为模式。如人们要求男性行为体现出阳刚之气，女性行为表现出阴柔之美。虽然男女性别是由遗传决定的，但性别角色却是从儿童时期受到成人影响、教育的结果。爸爸妈妈要尊重孩子先天的气质类型的差异，注重孩子优良个性的培养。有的家长按自己的意愿来培养孩子的个性，比如：妈妈希望能有一个儿子，可偏偏生了个女孩，在后天对孩子的教养过程中，妈妈也许会不经意间给孩子穿男孩衣服，打扮成"假小子"模样，这种违背孩子先天气质的做法，将会影响孩子的一生。现在每年到青少年心理咨询热线询问变性问题的孩子有上百人。

因此，对孩子从小进行正确的性别认识和教育非常必要，这是将来对孩子进行性教育的启蒙和基础，也是孩子形成健康人格的前提。

10 大人说的话一定都是真的吗

"大人说的话是真的吗？"几乎所有孩子在心里都这么反问过。通常情况，孩子从一周岁开始就慢慢地能听得懂大人说的话了，特别是说要去公园玩或者去超市之类的话，孩子会比较敏感。随着年龄的增长，在孩子5岁的时候，也许更小，他们可能会用行动或用语言来表达对您所说的话的怀疑。

4岁的佳佳不喜欢睡午觉，午饭过后，爷爷奶奶都去睡午觉了，妈妈也想让佳佳睡个午觉，可是佳佳不管妈妈怎么说，就是不听，只顾玩自己的。后来妈妈很严肃地告诉她，小朋友中午要睡午觉的，否则不是乖宝宝，而且会变得不聪明。结果妈妈还没说完，就听见佳佳说："你都说过好几遍了。"说完朝妈妈做了个鬼脸一个人摇头晃脑地唱着儿歌跑了。看到这一切，妈妈真是又好笑又生气，并在心里问自己"我经常说这样的话吗？"无奈，妈妈最后使出了杀手锏——"佳佳，你赶紧睡觉，下午就带你去商场把上次你喜欢的'美羊羊'买回来。""真的吗，您不会又在骗我吧？"小家伙一下来了神儿，因为佳佳特别喜欢看动画片《喜洋洋和灰太狼》，尤其喜欢美羊羊，"妈妈什么时候骗过你呀？当然是真的了。""还说没有，上次您说只要我好好弹钢琴，就带我去游乐园，到现在还没有去？""有这种事情？"妈妈反问了一句，说实话，妈妈一下子真的想不起来了，但好像又有这么一件事，妈妈用力地从大脑中搜索着"为什么没有去呢"的原因，"哦，妈妈想起来了，那天正好下起了雨。"是呀，当时下雨了，妈妈就没有想起去游乐园这件事，可是并没有给孩子做任何的解释，难怪孩子抱怨自己。这件事已经过去有一个月了，没想到孩子到现在还记得，这对妈妈触动很大。

也许妈妈无意间随便的一句承诺，可孩子却"当真了"。其实妈妈这么做不仅仅会遭到孩子的抱怨，更严重的是，久而久之孩子对家长的话会产生怀疑，甚至不相信妈妈的话，不再相信家长的许诺。即使是家长对孩子非常真诚地说一件事情，孩子的反应可能是对您的不屑一顾。我们经常给孩子讲“狼来了”的故事，千万不能让自己成为故事里那个爱说瞎话的小孩。所以，爸爸妈妈如果想让孩子去做某件事情，不要用许诺来当作条件，更重要的是要给孩子一个“真诚守信”的家庭氛围。我建议的做法如下：

一、不要轻易给孩子承诺

家长要对许诺有一个正确的认识，爸爸妈妈不要为博得孩子一时的欢心而说大话，因为它只能偶尔刺激孩子完成当前的某项任务，而不能激励孩子不断地做出努力，也不利于形成良好的品德。信任意味着遵守诺言，当你答应了孩子的合理要求，就应想办法兑现，言行一致才能取得信任，建立相互理解的融洽关系。

二、充分地了解孩子

如果爸爸妈妈想让孩子去做一件事情，不要用那种由家长决定一切，孩子只是服从的方法，而应在充分了解孩子的前提下，来考虑解决问题的方法，比如，想让孩子睡午觉，就应该知道现在孩子长大了，精力比以前更加旺盛了，对世界充满好奇心，玩不够是很正常的现象。妈妈可以考虑把孩子在户外的活动安排在上午阳光充足的时候，让孩子在外面多跑跑跳跳消耗更多精力，这样更有助于孩子午睡；另外也可以从午饭前就安排一些读书、听故事之类比较安静的活动，也有利于孩子午睡。所以建议妈妈不要一味地对孩子进行说教，或者强行要求孩子去做什么事情，如果您的指示“失灵”，久而久之就会影响您的话在孩子心中的可信度。

三、让孩子参与进来

爸爸妈妈总是一厢情愿地希望孩子能沿着自己预想的方向成长，尽量不出差错、不惹麻烦、不调皮捣蛋，能分清对错；或者在做出了淘气的事情、制造了混乱之后能长记性，犯过的错误不会再犯。但是，孩子的好奇心和探索的欲望特别强，他对自认为有趣的东西和事情，都以“大无畏”的精神去试试、碰碰、摸摸、尝尝，目的是想了解它“到底是什么”或“结果会怎样”。实际上，孩子是在通过自己的探索，来认识这个世界，如果什么事情都言听计从，也不利于孩子探索精神的培养。

四、身教胜于言传

爸爸妈妈是孩子的第一任老师，在日常生活中的良好行为方式可以直接促进孩子的心理健康，而不是指手划脚，过多的说教也不利于孩子独立性的培养。爸爸妈妈不可能把自己所有的人生经验、所学所长、道德品质等一下子都塞进孩子的头脑里。孩子们经常被大人灌输着家长的人生经验，“孩子应该如何如何……”“要怎样……不要怎样……”那种用自己的既定方针限制孩子的言行，要求孩子完全按照父母的认识和意愿去活动，不能超越指令等行为都是不可取的。

我们要善于聆听，和孩子站在平等的位置上，听听孩子真正的想法，而不是单方面的宣导我们的思想。

11 学习 = 培养习惯

人生就是一个不断学习的过程，不管是上学、工作，还是为人之道，拥有一个好的学习方法和习惯，成功就会水到渠成。

“妈妈，都怪你！今天我的学具没有带，老师都批评我了！”上小学二年级的晶晶一进门就对妈妈大发雷霆。“对不起，对不起，今天刚把你送走，我才想起来。”妈妈忙做解释。

爸爸妈妈对晶晶非常疼爱，对孩子提出的要求都尽量满足。尤其是自从晶晶上了小学，妈妈为了更好地照顾孩子，就调换了工作，每天上下班和晶晶上下学时间同步，基本上晶晶所有和上学有关的事情都由妈妈全权处理：削铅笔、整理书包、带学习用品、辅导学习、检查作业以及督促和提醒孩子作息等等。妈妈对孩子全面周到的服务，就是想减轻晶晶的负担，让孩子能轻松地学习和生活，可是现在发现，孩子不但没有轻松，反而越来越累：早上不愿意起床，没有时间观念，三天两头迟到；作业书写不认真，总认为有妈妈会帮助检查；不会整理书包，丢三落四。妈妈不仅成了晶晶的助手，而且还经常“挨骂”，现在真的让她感到身心疲惫。

这种情况并不是一朝一夕造成的，而是妈妈对孩子不正确的教养日积月累形成的，主要是妈妈没有帮孩子养成一个良好的学习和生活习惯所致。想改变这种局面，我建议爸爸妈妈可以从以下几方面入手：

一、家长要根据孩子的年龄特点，采取不同的方法

对于2-3岁的孩子，应使用孩子喜闻乐见的方法来引导和培养他们良好的习惯。比如，培养2-3岁的孩子把玩完的玩具收回原处的习惯。在开始训练时，家长可以用游戏的口吻对孩子说："玩具要回家了，你帮它找找家在哪儿，把它送回家去吧！"当孩子把玩具收放好以后，家长要及时给予肯定和表扬，孩子受到称赞后，下次还会重复这种良好行为。当孩子上小学后，家长就要让孩子学习自己管理自己的事情：管理自己的时间、管理自己的学习、管理自己的物品，更重要的是要把这种能力变成一种习惯。

二、要坚持不懈

习惯是在不断重复中逐渐养成的一种比较稳定的行为倾向。对孩子的要求，家长不能想起来就要求一下，想不起来又听之任之，要始终如一，持之以恒地进行训练，要知道让孩子改掉一个坏习惯比养成一个好习惯还要难。很多家长对孩子是经常立规矩，可是又经常自己把规矩取消，原因就是看到孩子对规矩的反抗而哭闹时，有时候难免心软。例如：说好了不能随便吃零食，但面对孩子一哭一闹，"规矩"就以妥协告终；有的家长刚刚说了不给孩子整理书包了，可是看着孩子手忙脚乱地收拾，自己也不由自主地去帮忙，这一帮不要紧，对孩子的训练也到此结束了。

三、家长要求要一致

培养孩子良好习惯，特别需要家长在对孩子的教育和要求上的一致性。首先是家庭内部（父母、祖辈及家中的其他人）对孩子的要求要一致，如培养孩子不随便吃零食的习惯，如果父母严格要求，而爷爷奶奶放纵，那是不可能培养起好习惯的。或者爸爸要求孩子做完作业自己检查，而妈妈又出于“负责”的态度，帮孩子检查作业，这样“一松一紧”也会让培养孩子的好习惯化为泡影。

四、培养孩子好习惯要分阶段进行

爸爸妈妈帮助孩子养成好习惯要循序渐进，不可一蹴而就。可以分为三个阶段：

1、**初级阶段**。也就是最开始时，家长要让孩子明确养成好习惯的意义，还应和孩子一起做，如果出现错误要及时指出并帮助改正，逐渐培养孩子做事情的信心，帮孩子初步建立起好习惯。比如：让孩子每天整理自己的书包、自己回家按时完成作业、培养规律的作息时间，刚开始时爸爸妈妈可以指导孩子，但不要帮孩子做。

2、**中级阶段**。家长只做一个旁观者，如果孩子确实需要爸爸妈妈的帮忙，这时您可千万不能心软，这是培养好习惯的关键期。当孩子已经明确了自己“做什么”的具体内容和要求时，家长就可以作为一个旁观者，不要总是指导和提醒，要对孩子进行放手。

3、**高级阶段**。孩子的好习惯已基本养成，但还需要家长的监督和坚持，逐渐让孩子变“习惯”为“自然”。这时爸爸妈妈要让孩子懂得为自己行为负责，尤其是当孩子的行为出现反复现象时，您一定要坚持原则。

人是习惯的奴隶，当一个人养成了一种习惯，就会按照“习惯”去做事情和生活。因此，好习惯积累多了，自然会有一个好的人生。

12 让孩子自己做主

刚刚呱呱坠地的宝宝柔弱而娇嫩，自己的命运完全掌握在别人的手里。但孩子2岁以后，各方面的能力发展了，我们经常会听到“宝宝干”这样的话，小家伙开始尝试着自己来为一些事情做主，但是往往被家长的“现在你干不了”“你别摔着了”等为由婉言拒绝了。

6岁的轩轩一直都是在家长的“包办”中成长起来的，因为吃饭有人喂、穿什么衣服有人安排、每天玩什么由妈妈来做主、上什么兴趣班也是家长研究讨论后定的。其实，不是轩轩不想做事情，而是妈妈不让做，比如：孩子想自己吃饭，妈妈说：“太慢了，还弄得哪都是。”孩子想自己决定穿什么衣服，妈妈说：“你知道什么呀，这个适合你。”孩子想学自己喜欢的兴趣班，妈妈又说：“你现在还不懂，学这个没有用。”

如今轩轩马上到了要上小学的年龄了，妈妈又开始给轩轩买各种学前课外读物，包括语文、数学、英语的同步练习册等书籍，好让轩轩对小学的文化知识有一个预习。轩轩从小到大，所有的一切都是家长来决定的，至于孩子到底喜欢什么，妈妈并不十分关注，因为在妈妈看来孩子太小了，还没有做主的能力。

可是妈妈最近发现，轩轩现在越来越有主见，妈妈的安排屡屡遭到轩轩的“反抗”，比如：妈妈想让轩轩去做什么事情，而轩轩会讨价还价地提出要求“能不能再玩5分钟”；妈妈要讲什么故事，轩轩要自己来选择；如果让轩轩去睡觉，轩轩会以吃东西为由，来拒绝妈妈。

周末，妈妈要带轩轩去上钢琴课，轩轩出门时总是磨磨蹭蹭，还不时地问一句：“妈妈，我不想去了，行不行呀？上次老师留的画画的作业我还没有完成呢，我想在家里画画。”“不行，上次你感冒了就没有去上，这次坚决不能再落课了，画画等你上完课再画。”在妈妈的坚持下，轩轩虽然被强行带走，但是学习效果确实不敢恭维。

妈妈认为现在孩子长大了反而变得越来越不听话了，做事情总爱和家长作对，有时候觉得孩子纯属故意——你让他做什么，他偏不做什么；有的事情家长没有要求，他偏偏做得挺好。妈妈说，在家里听到轩轩说得最多的话就是“不行”。妈妈很想改变这种状况，却又不知道如何下手。

对于6岁以内的孩子，一般家长都会以孩子太小为由来为孩子做主。其实，只要是孩子能够做、应该做、做起来安全的事情，爸爸妈妈应该让孩子有机会做决定，事事都由家长决定不利于孩子的身心发展，有的孩子会变得自私蛮横、不讲理，不懂得分享和沟通，而有的孩子会养成懒惰、胆小、依赖性强等不良的性格和行为习惯。这些都是妈妈不想看到的结果，所以，在培养孩子的过程中，妈妈要懂得放手：

一、让孩子做力所能及的事情，让孩子适当地做主

1、**自己进食**。孩子想要自己进食时，就由他自行尝试，只要为他系上围兜即可。孩子在练习自己吃饭时常常会弄得满脸、满地都是，这很正常，不要因此而责怪他，剥夺他学习的机会。

2、**穿自己喜欢的衣服**。天气冷的时候可以建议孩子戴上帽子、穿上外套，但对于外套里面穿的衣服的样式、颜色等，可以让孩子自己做决定。

3、**玩具分享**。当孩子不愿将玩具与同伴分享，有争吵行为发生时，别急着介入他们的争执之中，而应让孩子自己去解决。

4、**独处的地方**。当孩子心情不好或情绪不佳时，有选择独处的自主权，这段时间暂时不要去打扰他。

5、**选择玩什么和在哪儿玩**。在保证安全的前提下，以不妨碍他人为原则，让孩子自己决定玩什么和在哪儿玩，在此时此刻，这地方是属于他的游戏区，爸爸妈妈不要干扰他。

二、妈妈要大胆地对孩子放权，不要压制孩子的主见

爸爸妈妈当然比孩子拥有更大的权力，甚至有权让孩子完全得不到任何权力，但这么做的后果是造就一个没有主见、没有责任感而且脾气暴躁的孩子。疏导是比围堵更好的手段，而且，孩子拒绝爸爸妈妈要他做的事，不是要反对家长，只是想对自己的事有主导权。如果爸爸妈妈能理解并尊重这一点，那么释放部分的权力对孩子的发展也是有利的。比如，上什么样的兴趣班，家长完全可以听听孩子的意见，只要孩子感兴趣的，孩子学起来就会愿意学，也就会学得好，这是一个良性的循环。

三、让孩子自己做主，这有助于培养孩子的自信心

孩子是一个有别于大人的独立个体，他们总想挣脱大人的控制，要自己动手做好每一件事情，除非是真正需要帮助的地方外，孩子要做的事情是不想要大人插手的。让孩子自己解决问题，不仅培养了孩子的自主意识，还提高了分辨是非的能力。在孩子自己能处理事情时，尽量让他们自己处理或参与，使他们成为主角，家长对于孩子做主得当的事情要及时给予肯定，以助孩子树立自信心。有的孩子对自己缺乏自信心，比较胆小、懦弱，说话声音小，认为自己做什么事情都不行，消极被动，家长要多给予鼓励，并给他们锻炼的机会，使孩子在实践中增强自信心。

让孩子做主，并不意味着放任。让孩子自己做主，是让孩子进行自我发展，形成自律、勤劳、负责的能力或品质的基础，开发孩子的内在潜能就必须让孩子学会做主。

第三部分 爱的教育

“家”不是一个简单的概念，社会学家说家是社会的最小细胞；婚姻学家说家是风雨相依的两人世界，对于孩子来说，家是成长的摇篮。

“家”绝不仅仅是物质堆砌起来的空间，它是我们的精神家园，心灵的栖息地，无论您的房子多么豪华，有爱的地方才是家。

1 什么叫“家”

“家”不是一个简单的概念，社会学家说家是社会的最小细胞；婚姻学家说家是风雨相依的两人世界。而对于孩子来说，家就是他们成长的摇篮。

对家的理解，下面这个故事能把家的内涵说明得更清楚：

说有一个富翁醉倒在他的别墅外面，他的保安扶起他说：“先生，我把您扶回家吧！”富翁反问保安：“家！我的家在哪里？你能扶我回得了家吗？”保安大惑不解，指着不远处的别墅说：“那不是你的家吗？”富翁指了指自己的心口窝，又指了指不远处的那栋豪华别墅，一本正经、断断续续地回答说：“那，那不是我的家，那只是我的房屋，我的家在我的心里。”

“家”绝不仅仅是物质堆砌起来的空间，更是我们的精神家园，是我们心灵的栖息地。孩子的成长离不开家，孩子在家里得到关怀、照顾的同时要学会理解他人、学会做人。所以，家既是身心休憩的场所，更是孩子的第一个学堂。

喃喃有一个幸福的家庭，爸爸妈妈都是小学老师，夫妻恩爱、关系融洽。他们非常尊重孩子，在教育孩子方面一家人经常沟通，对待同一个问题，大家都可以发表自己的意见，一起讨论商量。

爸爸妈妈也很注重培养孩子的独立能力，从不娇惯孩子，孩子能自己完成的事情就让孩子自己去做，让孩子的能力得到发展。为了给孩子一个温馨的家庭氛围，如果爸爸妈妈有什么意见不统一的地方，经常是当孩子不在的时候进行讨论，以免让孩子误认为爸爸妈妈在吵架。

现在喃喃上一年级了，老师反映孩子身上有很多优点，比如自信、乐观、胆大、团结同学，而且非常聪明，学习成绩也很好。

家庭对孩子成长的影响非常大，尤其是3岁以前的孩子受家的影响更大，因为0-3岁是人一生中智力发展的关键时期，这一阶段的每一分钟，对孩子而言，都具有相当大的影响。家庭是孩子生活最久的场所，爸爸妈妈是孩子的第一任老师，所以家长一定要把握好这人生的关键时刻，让孩子的智力得到最好的启发。中国有句古话："染于苍则苍，染于黄则黄。"幼儿期是人生熏陶渐染化的开始，人的许多基本能力都是在这个年龄阶段形成的，如语言表达、基本动作以及某些生活习惯等等，性格也在逐步形成。所以，让孩子健康快乐地成长，家庭的作用不能小视。建议爸爸妈妈不妨从以下几个方面入手：

一、您最好不要在孩子面前争吵，尤其不要互相攻击

这是营造和谐温馨家庭氛围最重要的一条。千万不要忘记，夫妻之间的爱会给孩子带来心理安全感，孩子从这里体会到什么是爱，什么是关怀，也从这里开始学习如何与人相处，要让孩子快乐地成长，爸爸妈妈之间和谐相处是首要的条件。夫妻之间的争吵也许是难免的，但尽量不要在孩子面前，有时候父母的争吵也会让孩子体会到感情的复杂性，爸爸妈妈充满攻击性的言辞会给孩子带来恐惧、不安和焦虑。

二、您要参与孩子的活动

爸爸妈妈和孩子轻松地共进晚餐、亲切地交谈、开心地游戏，其乐融融的家庭氛围会让孩子感到家庭的温暖，让孩子更加爱家，依赖家，从而让孩子有足够的安全感。不管是孩子高兴时还是心情不好的时候，都可以在家里得到心理支持。民主的家庭氛围，更容易让孩子学会如何解决问题，而不是霸道地乱发脾气。而且这种家庭氛围本身就是对孩子的一种教育，孩子感到被尊重、被需要，也更容易学会理解他人。

三、可以组织一些讨论会

经常选取一些全体家庭成员可以参与的话题进行讨论，是营造良好家庭环境非常有效的方法。这也是爸爸妈妈与孩子最自然、最真切的沟通方式，这样的话题在生活中随处可见，例如：买什么牌子的家电，周末全家去哪里，去看什么电影等等一些孩子可以参与的话题，在这些话题的谈论中，还能增加孩子的自信心，从而强化家庭角色意识，爸爸妈妈价值观的引导也会被自然渗透，这样的活动在家庭中是简单易行的。爸爸妈妈在谈论中应注意，不要轻易打断孩子的话，也不要随意批评孩子或者强迫孩子参加。

良好的家庭环境会对孩子进行潜移默化的影响，孩子在不知不觉中就会养成健康、良好的品行。“家”是您和孩子共同的家，时刻都不要忽视了家对孩子的影响和教育，生活就是由点点滴滴的小事组成，做好每一件小事，就能给孩子一个温暖的家庭环境，让孩子幸福快乐地成长。

2 别忘了和孩子共进晚餐

繁忙的都市生活使得一家人围坐桌旁共进晚餐，成了很多家庭的奢望。但是，为了孩子的健康成长，爸爸妈妈还是应尽量和孩子一起享受晚餐，因为您和孩子共进晚餐的时光不仅仅是吃饭，更多的是倾听和交流，这对孩子的成长有着重要的作用。

倩倩今年6岁半了，刚上小学一年级。爸爸妈妈平时工作忙，都很少回家吃晚饭，经常是保姆把饭菜做好，让倩倩一个人吃，爸爸妈妈每天都是等孩子睡着了才能回家，平时倩倩和爸爸妈妈交流也很少，如果哪天妈妈告诉倩倩“今天晚上妈妈回来和你一起吃饭”，倩倩就会高兴一整天。

倩倩从小由保姆刘阿姨带，刘阿姨对倩倩的生活照顾得很好，但缺乏沟通和管教。现在倩倩吃饭很挑食，脾气比较大，如果稍微不合自己的意，就会哇哇大哭，性格脆弱。看到孩子的这些表现，爸爸妈妈非常着急，很想把倩倩的坏毛病给扳过来。后来，他们就从自身出发，去查找问题的根源，认为自己和孩子在一起的时间太少了，要想进一步了解孩子的内心，必须要和孩子加强沟通，可是爸爸妈妈的工作又非常忙，所以他们决定先从陪孩子一起吃晚饭开始。

这对于倩倩来说，是一个特大好消息，孩子一放学就等待爸爸妈妈回家。爸爸妈妈也如约而至，因为家里吃饭的人多了，晚餐也比平时更加丰盛，盘盘碟碟摆满了整个餐桌，让人的食欲大增。“开饭啰”在刘阿姨的招呼下，一家人高高兴兴地围坐在餐桌旁，享受幸福温馨的用餐时光。

没过一会儿，倩倩的毛病就表现了出来，“来，倩倩吃蔬菜。”妈妈给倩倩碗里夹了一个西兰花。“我不要，我不爱吃。”“这么好吃的菜你怎么不爱吃呢？我先吃一个。”随后妈妈给爸爸也使了一个眼神，心领神会的爸爸也夹了一个放在嘴里，脸上洋溢出满足和幸福的表情，“真好吃呀，恩，既有营养又好吃，还能长个儿呢。”随后，爸爸妈妈都又吃了几口，看到爸爸妈妈吃得这么香，倩倩也忍不住想尝尝，妈妈就帮倩倩夹了一个，倩倩吃完后，对妈妈笑着说“我还吃”。

刘阿姨说，其实倩倩挑食的原因，并不是孩子真的不喜欢吃，而是她根本就不去尝试，看到爸爸妈妈吃得这么香，也激发了倩倩吃的欲望。爸爸妈妈和倩倩一起吃饭的过程中，还询问了倩倩当天在幼儿园的事情，听了孩子的讲述。

其实，家庭晚餐能通过一种奇妙的方式塑造人的内心世界。一家人聚在一起吃晚餐，其乐融融的氛围可以让孩子感受到家庭的温暖，从而产生安全感。孩子对爱的需求是强烈的，晚餐时爸爸妈妈的关心，可以让他体会到被关注与被爱的感觉。晚餐也给孩子提供了一个向爸爸妈妈倾诉的机会，他在学校或外面遇到的不满或委屈可以适当得以宣泄。孩子总是习惯从与家人的交谈中学习说话的技巧，晚餐时光是孩子学习的好机会。此外，孩子们还能从中学到餐桌礼仪，学会尊重别人的口味。同时，晚餐也是一个了解孩子的机会，爸爸妈妈可以在餐桌上了解孩子一天的学习和生活，帮他们掌握新词汇，教他们如何交谈、倾听和解决问题。美国最近的统计数据很明白地告诉人们：和家人围坐在同一张桌子边上吃饭的孩子会更加健康和快乐，他们的学习成绩也会更加出色。

爸爸妈妈和孩子共进晚餐的益处可以说是看得见的，但更好地利用晚餐好时光，还需要掌握一些交流的技巧：

一、共进晚餐时，鼓励大家畅所欲言

可以让大家讲出各自当天最愉快的经历或最大的挑战，也可以共同制订第二天的晚餐食谱，爸爸妈妈还可以讲一些童年趣事，或者讨论一个全家人都能参与的活动，甚至谈论一下孩子们最近看过的书或电影。

二、共进晚餐时最好不要看电视

全家围坐桌旁，把一切干扰，尤其是电视和电话的干扰减到最低限度。无论对方在不在场，不要使谈话落入批评气氛，虽然有时孩子的行为的确不对，但是我们也必须肯定孩子的价值。如果餐桌上的谈话都是这种正面的态度，孩子就会放心表达他们的感受。

三、订出餐桌上讲话、行为和话题的基本规则，避免沟通过于空泛而失去重心

餐桌上要问每一个人都会回答的问题，但不要问“是非题”，要塑造出坦诚和说错没关系的氛围。

充分利用“餐桌时光”，爸爸妈妈要营造互相尊重的氛围，同时注意细心聆听。在餐桌上讨论一些事情，虽然最后通常由爸爸妈妈来作决定，但是你要让孩子觉得他们的意见是很宝贵的，他们也参与了家庭的决定，当孩子有这种感觉时，家庭话题的内容就会更丰富，他们对家庭的认同感就将更强烈，即使今后走上社会，他们也会更加自信。

3 爸爸妈妈从来不吵架

在家庭生活中，磕磕绊绊在所难免，夫妻之间要以和为贵，不要随随便便就大动干戈，如果家庭矛盾实在无法避免时，请您也不要当着孩子的面吵架。

“爸爸妈妈，你们别吵架了，呜呜……”6岁的晓晓一边哭一边哀求火冒三丈的爸爸和妈妈。爸爸说:“这没你的事，你去你屋去！”晓晓不肯离开，一个人站在屋角呜呜地哭。妈妈不依不饶，“你说说，你都管孩子什么了？你都为家做什么了？”爸爸大声斥责，“你别说我,你每天几点回家？你不管孩子为什么要我管？”在晓晓看来，自己成了爸爸妈妈吵架的原因，自己很多余。面对大人的吵架，晓晓能做的就是哭泣，这让她感到很无助和害怕。

以前的晓晓非常活泼开朗，是一个人见人爱的小女孩。可是近两个月以来老师发现，晓晓在幼儿园变得沉默寡言，情绪波动很大，上课也不爱举手发言，而且经常打盹。到下午放学的时候，晓晓总是第一个站在门边焦急地等候，家长稍微来晚一点，她就会哇哇大哭。是什么让晓晓变得如此情绪反常？老师们很着急，于是到晓晓家做了一次家访，老师了解到晓晓的家庭情况后，认为晓晓的爸爸妈妈最近经常吵架，甚至在晓晓面前发生肢体冲突，让晓晓感到很害怕，所以才有了这样的转变。面对妈妈伤心、无助的哭泣，孩子除了感到无能为力外，更多的是担心和恐惧，这种心理创伤会持续很长时间，甚至成为终生无法弥补的阴影。“我看见爸爸妈妈吵得很厉害，说话很大声，我很害怕！”

大部分孩子都用“害怕”二字来形容他们的感受。显然，这种当面吵架的行为使孩子的情绪受到强烈地冲击，产生恐惧、悲伤和不安全的感觉。特别是有些夫妻吵架时往往用高八度的嗓门大喊大叫，把孩子吓得不知所措。孩子们多半不清楚爸爸妈妈之间吵架的缘由，他们只是很自然地把原因归咎于自己，这对孩子的成长是不利的。更重要的是，爸爸妈妈是孩子学习和模仿的对象，家长吵架会让孩子的性格发展出现扭曲，变得脾气暴躁、不信任他人或是性格内向胆小，这样的孩子长大后不善于处理人际关系，不利其工作和学习。

我们都知道，温馨和睦的家庭环境，有利于孩子的成长，让孩子生活得有安全感也是为人父母最起码的责任。因此，为了给孩子创造一个轻松、愉快的生活和成长的环境，如果夫妻间确实有矛盾需要解决，必须要考虑孩子的心理感受，尽量控制情绪，不要随意发泄。但夫妻之间从来不吵架也不太现实，如果夫妻之间吵架确实不可避免时，我们又怎样来弥补过失？如何把对孩子的伤害降到最低呢？ 在这里我给您的建议是：

一、在吵完架后，千万别忘记安慰一下受了惊吓的孩子

夫妻俩应该当着孩子的面和好，明确无误地向孩子表明，吵架的事情已经过去，爸爸妈妈不再吵架了。“孩子，爸爸妈妈不是在吵架，只是对同一件事情有不同的意见，所以说话的声音大了点，是不是吓着你啦？爸爸妈妈答应你以后注意，好吗？”“你放心，爸爸妈妈不会因为吵架而影响大家的感情的，你看，我们还是一个完整的家，爸爸妈妈还是最爱你的爸爸妈妈！”

二、鼓励孩子把当时的感受说出来，再有针对性地加以宽慰解释

比如，孩子说害怕，爸爸妈妈要弄明白孩子具体怕的是什么，“你是害怕爸爸妈妈当时的高声喊叫，还是怕爸爸妈妈不要你了”。然后向孩子解释，说爸爸妈妈当时是一时冲动，没有控制好自己等等。孩子尽管对这些解释有点似懂非懂，但是看到爸爸妈妈平心静气地讲话，自然也会平静许多。时间久了，只要爸爸妈妈不再吵架，孩子就会把家长吵架的事情渐渐淡忘。

三、家长不要讲对方坏话

爸爸妈妈切不可为了拉拢孩子站在自己的一方，而在孩子的面前说另一方的坏话，这样做非常容易使孩子产生仇亲心理，最容易引起孩子的心理以及性格的扭曲。您既不能利用孩子年龄小，对孩子讲述另一方不对的地方，把恨和报复的种子撒进孩子幼小的心灵，也不能因觉得对不起孩子而溺爱孩子。

如果夫妻双方的关系的确难以调和，也应该理智地对待冲突，别把自己的坏情绪带给孩子，更不要当着孩子的面吵架，所以，为了孩子的健康成长，请您争取做一个从来不吵架的爸爸妈妈。

4 给孩子一颗感恩的心

我们身边"小皇帝""小公主"的骄横霸道，想必很多爸爸妈妈都有所体会，他们的"不懂感恩"和"唯我独尊"令很多父母头疼。因此，让孩子拥有一颗感恩的心已经刻不容缓。

刘先生是一家电器公司的老板，从山东老家来北京创业，一人在商场拼杀，风风雨雨十余年，挣了一些钱。35岁才喜得贵子，刘先生对儿子是宠爱有加，在物质上要什么给什么，只要是能满足的都尽量满足。家里保姆就有3人，孩子在家里就是发号施令的"小皇帝"，几个大人被他支使得团团转。如果要什么东西，大人稍微慢了一下，或者不合心意，就是又哭又闹。现在孩子刚上一年级，刘先生更是给儿子买了一套180多平方米的房子，甚至连"孙子辈"的抚养费都准备好了。可孩子并不领情，零花钱越要越多，因为过惯了饭来张口、衣来伸手的日子，学校要求做值日，他从来不做，就用他爸爸给的钱来雇小同学帮他做值日。作业自己也不做，也是花钱让他的同学来做的。家人对他的照顾，他稍微不满意，就随便发脾气。对爸爸妈妈给他的一切，丝毫没有感激之情，甚至觉得理所当然"你们挣钱不就是给我花吗"？

有一次，刘先生生病在家，当时家里只有刘先生和孩子两个人，刘先生头疼让他儿子帮忙倒杯水，孩子竟说："为什么让我倒，你不会自己来吗？没看我正忙着吗？”当时孩子正在玩刘先生前不久刚买的玩具车。气愤的刘先生问儿子：“爸爸现在病了，给爸爸倒杯水都不愿意吗？把你养这么大，真是白养了！”当时儿子反问道：“谁让你养我了？你生了我养我是应该的。”

试想，当您为孩子付出一切时，您是否想过，这付出的爱会不会有助于孩子的成长？如果一个孩子连生他、养他的父母都不爱，以后他还会爱谁？显而易见，孩子只会谁都装不进去，因为全被自我膨胀所占领。孩子是我们的未来，家长要站在培养一个具有完整人格的社会人的角度来教育孩子。进行感恩教育是爸爸妈妈给孩子必须上好的一堂人生必修课，应该让孩子懂得，他降临到这个世界上，每一步成长和发展都离不开父母的养育、师长的教诲、朋友的关爱、大自然慷慨的赐予。对孩子来说，学会感恩，常怀感恩之心，就应该在自己的心中装着他人、装着社会、装着国家，而不是一切“以我为中心”。具体的做法如下：

一、言传身教

感恩教育的目标就是完善人的生命，特别是精神生命。感恩教育的实质是一种知恩图报的教育。平时，爸爸妈妈要有目的地给孩子讲解，他获得的一切都是别人经过努力创造的。无论是爸爸妈妈对你的抚养、老师的教诲，还是朋友给予的友情、旁人给予的帮助，都是“恩情”。“知恩”之后，认识到从他人和社会那里得到了多少恩惠，就当以实际行动给予回报，而这种回报不仅是物质上的，还包括情感方面的，比如很简单的道谢。同时，爸爸妈妈要做好孩子的榜样，对老人、朋友和帮助过我们的人，我们要及时回报，以示感激之情。对别人的感谢，可以让孩子来参与其中，比如给老人送东西，可以当着孩子的面来送，这样潜移默化地对孩子进行影响和教育，让孩子知道家长把我们养大了，我们要知恩图报和心存感激。

二、**不要让孩子轻易地得到**

生活中，经常看到爸爸妈妈给孩子无微不至的关怀，有时候，家长在孩子还没有提出要求前，就为他考虑得十分周全，把“饿不饿、要不要”常常挂在嘴边。孩子从来没有缺少过什么，也就不知道“有”与“没有”的区别，殊不知得到太容易，往往不会珍惜。因此，爸爸妈妈在必要的时候让孩子受一些“苦”，这个苦就是别总是太急着满足孩子。只有当他有需要的时候才给，这样孩子才知道需求的满足来之不易，才会懂得珍惜，懂得感激。

5 现在就开始爱心行动

许多爸爸妈妈认为，我们的孩子身上承载了太多的爱但又缺乏爱心，他们习惯被宠爱，却不知道怎么去爱别人，他们虽然生活在爱的海洋里，却又那么孤独、缺少爱心。因此，我们不仅要疼爱孩子，更不能忽视了给孩子奉献爱心的机会，要把孩子的施爱和接受爱互动起来，对孩子的爱心更需要我们去发现、去放大、去培养，培养孩子的爱心必须马上行动。

阳春三月，美丽的幼儿园里随处可见争奇斗艳的鲜花，其中在校园大花池里有一颗玫瑰花开得又大又香，每天都有很多人前来观赏。一天下午放学后，一个4岁左右的小女孩背着可爱的小书包来到这里，摘下了最大的一朵，拿在手里，高高兴兴地往外走。

这一幕让他们的老师发现了，老师走到小女孩身边，并没有马上批评她，而是蹲下来面带微笑地问："乐乐，你摘这朵最美丽的玫瑰花要送给谁呢？能告诉我吗？"小女孩有点羞怯地说："我妈妈病得很重，我每天都陪着她说话，我告诉她我们校园里有一朵非常大的玫瑰花，妈妈就是不相信，我现在就摘下来送给她看看，我想让妈妈开心。"听了小女孩天真的回答，看看小女孩淳朴的小脸，老师心里很感动。老师蹲下身来，语重心长地对小女孩说："乐乐真是个孝顺的孩子，知道关心妈妈了，值得表扬！你能给老师说说你平时在家怎么照顾妈妈吗？"小女孩就把平时自己在家照顾妈妈的事情说给了老师听，老师听后非常感动。后来，这个老师还专门开了个班会，把这个事情讲给班里其他小朋友听，并对小女孩进行了表扬："乐乐小朋友是个富有爱心的孩子，我相信她一定还做过其他的好事，大家听听好不好呀？"小女孩就把她在家里的表现给大家做了一个简单的介绍，比如帮爸爸妈妈做家务、照顾生病的妈妈等等。老师同时还鼓励其他孩子要向小女孩学习，并启发他们讲讲自己的爱心故事。

在日常生活中，您是否也抓住了一切可能的机会去挖掘可以对孩子进行爱心教育的材料，并不失时机地对孩子进行教育了呢？

一、爸爸妈妈要做孩子的好榜样

您的一言一行对孩子起着潜移默化的作用，可以说孩子对家长的言行是看在眼里记在心里，他们会用自己稚嫩的双眼看着大人的所作所为。在生活中我们可以教导孩子做一些力所能及的家务，并给予适当的鼓励和表扬，激励孩子为爷爷奶奶捶背拿东西择菜等等。这样不仅可以培养孩子热爱劳动的品质，锻炼他们的动手能力，更重要的是帮助孩子养成爱长辈、爱家庭、爱生活的美好品德。

二、爸爸妈妈有意识地安排孩子去奉献爱心

比如，您可以让孩子给生病在家的小朋友打电话问候，或者亲自去看望，对孩子进行关爱教育，使孩子感受到帮助别人的快乐。教育孩子如果在学校里看到有小朋友摔倒了，就要及时去把他扶起来，也可以在家里种些花草或养些小动物，让孩子主动给花草浇水，对小动物进行喂养，培养孩子的爱心和责任心。

三、充分地利用节日

鼓励孩子抓住一些过节的机会，主动向家长问候，如三八节时要懂得为妈妈送上自己的小礼物等来表达自己的爱心，重阳节为老人做一件好事等。通过这些活动，既可以开阔孩子的眼界，同时也可以让他们体验到爱心给自己带来的快乐。

四、关注社会公益事业

要让孩子懂得“一方有难、八方支援”的道理，鼓励孩子为受灾地区做力所能及的事，比如，捐出自己的零用钱、衣服等，让孩子体验帮助别人的快乐。

6 我们边玩边学习，oh yeah

每个孩子都爱玩，玩耍是孩子生活中不可缺少的重要组成部分，每个爸爸妈妈都希望孩子拥有一个快乐的童年。但是，学习是人生中永恒的主题，对于一个6岁以下的孩子来说，玩的过程也是一个学习的过程。如让孩子捏橡皮泥、走独木桥、跑、跳，以及带着孩子走进大自然等，轻松愉快的氛围更能引起孩子的学习兴趣，在不知不觉中孩子的分析问题、寻找事物规律和解决问题的能力都得到了培养。所以，爸爸妈妈不仅要让孩子快乐地玩耍，如果能让孩子在“玩中学”和在“学中玩”岂不是更好！

晚饭后，爷爷奶奶邀天天一起出去散步，可天天一副很不情愿的样子，等爷爷奶奶走了以后，妈妈做完家务出来一看，发现天天在茶几边玩橡皮泥。“天天，你在做什么呢？”“我在捏一个小花猫。”天天一边说着，一边把“小花猫”举过头顶，让妈妈看他的劳动成果。“你这个小花猫怎么是个绿色的呢？”“是呀，我们幼儿园的老师说了，绿色的是环保的。”听儿子这么解释，妈妈差点乐出了声。孩子一边说着，一边认真地捏。“天天，你们老师说的绿色环保，不仅仅指绿颜色，还指对环境无污染。”“什么是‘无污染’呢？”“‘无污染’就是没有伤害，比如你的橡皮泥，是用纯天然的植物做成的，不会伤害宝宝，那就是绿色的，比如红色的橡皮泥、黄色的橡皮泥等都叫‘绿色环保’。”妈妈不知道这样解释天天能不能听明白。“妈妈，我知道了，绿色不是单指颜色，不伤害宝宝就是绿色的。”“对了！”天天能理解到这层意思，已经很不容易了，妈妈不想再接着解释了，怕越解释越说不清楚了。“那我捏一个花花的小花猫也是绿色？”“对了！”妈妈高兴地回答。

天天非常喜欢玩橡皮泥，每次玩都要捏很多，有小猫、小老鼠、小狗等等，把妈妈给他讲的故事里的小动物捏个遍，有的还有模有样的，有的如果不听天天解释，一点都看不出来是什么，但每个都有他自己的想法。妈妈也经常鼓励天天给大家讲他捏的是什么？为什么要捏成这个样子？这里面有什么故事？天天总是能讲得头头是道。而且妈妈发现，天天的“捏功”也有了一些进步，这让妈妈很高兴。

孩子的成长过程就是一个学习的过程，孩子的学习有着灵活性和随意性，不要拘泥于形式，而应注重过程。因此，孩子对事物的仔细地观察、触摸、玩玩具、跑跳等等都是一种学习，一切新颖的，没有见过的东西都会吸引孩子的注意和学习兴趣。对于孩子来说，“玩中学”是很好的学习方法。

爸爸妈妈要尊重孩子的成长规律，如果能很好地把玩和学结合起来，将会收到事倍功半的效果，具体做法如下：

一、要给予孩子容易接受的刺激

爸爸妈妈和孩子一起玩耍时，应采取孩子最容易接受的方式以及孩子最容易接受的声音、颜色和形象等刺激，使孩子对这种玩耍感到有趣，能从玩耍中进行学习，开发智力。孩子有很强的好奇心，爸爸妈妈要抓住孩子的这一特点，如果孩子在学习中得到欢乐，才能达到在玩中学习的目的。比如：走路的时候、吃东西的时候，可以教孩子数数，让孩子对数量有一个最初的认识。

二、鼓励孩子在玩中学

爸爸妈妈要抽出时间来陪孩子玩耍，并且要多鼓励孩子进行探索，必要时进行正确的引导和启发，使孩子在玩耍时进行思考，并从中获得知识，这样也有助于孩子慢慢养成爱学习、善于思考和追求上进的习惯。

需要注意的是，当孩子专心致志地玩什么或观察什么的时候，不要打断他，要培养他的注意力。

三、对于小宝宝来说，玩就是最好的教育

爸爸妈妈要尽可能多地带宝宝多出去，多接触社会，给他们可以在玩中认识世界、接受世界的机会。当孩子有疑问时，爸爸妈妈一定要耐心地介绍，比如，事物的名称、用途、颜色、材质、形状、软硬等等，让宝宝在玩中学到知识。比如，玩玩具就是我们培养孩子发展手眼协调的能力、感知运动整合的能力、言语表达能力、数概念以及想象力、创造力的好机会，良好的亲子互动有助于孩子养成做事情的好习惯等。

第四部分　早教有误区　投资须谨慎

考级、培训、神童速成班，到底是为了让孩子赢在起跑线上，还是拔苗助长？“望子成龙、望女成凤”的爸爸妈妈如何抵挡众多兴趣班、培训班的诱惑和鉴别它们的真伪？我们的孩子经不经得起这样的“折腾”？到底该不该去“培训”一下？因此，我们有必要对“早教”有一个正确和科学的认识。

1 天下无神童

中国人一贯对神童的关注和培养乐此不疲，不管是从1977年中国科学技术大学（简称“中科大”）破格录取“神童”宁铂后创立了至今已有30余期的“神童班”，还是随之全国遍地开花的各式各样的“神童班”以及“神童速成班”，就足以看出大家对“神童”的热衷和对他们寄予的期望。

让我们回望1977年10月，江西冶金学院教师倪霖写信给当时兼任中国科学院院长的国务院副总理方毅，推荐13岁的智力超常少年宁铂。当时，中国百废待兴，举贤正是要务，当年11月3日，方毅副总理批示中国科技大学：“如属实，应破格收入大学学习。”在此背景下，中国科技大学选派教师前往各地考核，最终21名智力超常少年在1978年3月8日进入该校学习，成立了中国第一个大学少年班，少年班的孩子们更是被大家推崇为新中国第一代“神童”。

当时，关于宁铂、谢彦波、干政等“神童”的故事广为流传，少年班的孩子们的相关报道也屡见报端，他们几乎成为全民偶像。30年后的今天，“神童”们的境况又是如何呢？中科大少年班前不久向外界公布了少年班毕业生的跟踪调查结果显示：30年来，少年班共招收31期学生1220人，毕业1027人中，有935人考取研究生，比例为91%。少年班毕业生主要流向三个领域：国内一流大学、科研机构；国际学术前沿；国内外工商、金融、IT领域。中科大少年班前16届毕业生（1983-1998年）共590人，64%获得博士学位，26.9%获得硕士学位。但据不完全统计，他们中只有约20%选择了学术研究作为自己的终身职业，而几年前宁铂出家为僧，更是引起舆论一片哗然，更有人对少年班的人才培养模式提出了种种质疑。

我们暂且不去讨论大家的质疑，现在只要您随便在互联网上输入“神童”二字，五花八门的“神童培训班”就会映入您的眼帘——什么英语神童、钢琴神童、珠心算神童等等。我们的孩子经不经得起这样的“折腾”？我们“望子成龙、望女成凤”的爸爸妈妈如何抵挡众多“神童速成班”的诱惑和鉴别他们的真伪？我们的孩子到底该不该去“培训”一下？仅就这几个问题，我们有必要对“神童”有一个正确和科学的认识：

一、什么是“神童”

所谓神童，国外称之为“早慧儿童”，最早主要是以智商来作为评判标准。如果智商在130—140以上，就可称之为“超常儿童”或“天才儿童”。后来人们发现这种认识比较片面，后来就把智商不一定很高，但在某一个方面有特异的表现或才能的人，也称为“神童”。

二、要善于发现“神童”

“天才”孩子早期表现可以从运动技能（精细运动和大运动）、语言发展、注意力、特殊才能等方面观察到。比如：语言发展比较快；喜欢观察、有好奇心；对于各种信息的记忆力较强；注意力集中的时间较久；理解复杂概念的能力较强，对于抽象概念和关系的理解力也较强；有广泛的兴趣且兴趣容易变化；有较强的批评性思维技能和自我批评的能力；在一些特殊才能上表现出天分，比如：音乐、艺术、体育等。如果发现您的孩子确实在某些方面有超常才能，一定要给出孩子足够的发展空间。

三、平和看待“神童”教育

“神童”，以智力发展水平大大超过同龄人，或在某一方面显示出非凡的才能为特征，国外一些长期从事这类研究的科学家认为，儿童的智力早熟，是一种自然之谜。所以，神童绝对不是培养出来的。近几年，社会上关于“神童”速成班也是此起彼伏，热闹异常，爸爸妈妈一定要对此报以谨慎的态度，不可盲从。

“神童”固然存在，但绝对是个别现象，并不是什么人都可以培养成神童的，如果不尊重自然规律，人为地去“制造”神童，反而会害了孩子，不管是对家庭还是对孩子来说，都是一件有百害无一利的事情。所以爸爸妈妈要以平和的心态对待自己的孩子，扎扎实实地，一步一个脚印地培养、教育、训练孩子，不要急功近利。如果你的孩子是记忆力和逻辑思维能力超强的特殊孩子，切记别让

“伤仲永”的故事在我们身边再次重演。

2 新版《揠苗助长》

现在很多爸爸妈妈都希望孩子能赢在起跑线上，尽量早地学习文化知识，如果有的幼儿园打出“1岁能背五言绝句，2岁能识字2000个，背诵30首以上的古诗，3岁识字3000个”这样的招生标语，您会不会为孩子选择？

现在我们先来看看一个5岁女孩忙碌的一天：

“妈妈，今天我真的不用去学英语了吗？太好了！”周六早上7点左右，读幼儿园大班的晨晨就被妈妈叫醒了，一睁开眼睛，她最关心的还是自己的英语培训。

上午9点左右，晨晨被妈妈送到了幼儿园的学前班，幼儿园的老师带他们做完体操后，开始学认字了。

10点半学完认字，妈妈又带着晨晨赶往下一个“场子”——开始学算术，对于算术中的加减，晨晨有的还不太懂，但乘法口诀晨晨倒是背了不少。

下午本来是晨晨学英语的时间，由于课程调整，改学国际象棋、钢琴、游泳等课程了。“妈妈，今天我学了很多个字，你给我买冰激凌吧！”中午吃饭时晨晨央求着妈妈，对晨晨来说，这是她学习认字的最大动力。

傍晚6点左右，小晨晨学完所有课程，被妈妈接回了家。吃完晚饭，洗完澡，妈妈又拿出识字卡，让她学认字了，“我不认了，我不认了，妈妈，我能看动画片吗？”孩子有点不耐烦了。

从3岁上幼儿园开始，晨晨就学起了认字，老师每天教几个字，妈妈又买了许多识字卡片在家里教孩子。

通常每天晚上晨晨回到家，除了妈妈叫她认字外，还要拿起笔写作业：10个生字带拼音抄写3遍、做10道数学题、给爸爸妈妈读一篇英语课文、背2个英语单词。小小的书包里装得满满的，掂一掂分量不轻。晨晨写作业时并不老实，写一会就要喝水、吃东西，妈妈故意板着脸说：“写不完作业妈妈和老师都不喜欢你了，周末不带你出去玩。”小家伙于是咬着铅笔头，不情愿地算着数学题。妈妈认为现在必须把孩子的基础打牢固了，因为明年晨晨要上小学，不但入学要考试，而且多学点东西更容易适应小学的生活。

现在家长对学前教育越来越重视，因为很多小学入学前要进行简单的测试，孩子如果不会写字、算算术，担心教学质量好的小学上不了，所以，还在上幼儿园的晨晨会在周末时，被妈妈送到各种培训班。很多幼儿园为迎合家长需求，大搞知识教育，一个3岁的孩子，英语、语文、数学样样要学，每天“菠萝菠萝bbb，泼水泼水ppp……”地读上几遍。更有甚者，幼儿园期末考试涉及的知识面之广，很多成人都会难倒，出现了比如“什么鸟能停在半空中？”“美国邮政专用颜色是什么？”等等问题，这套网上被广泛转载的试卷，内容涉及语文、数学、地理、历史、天文各方面知识，分13大题。其中数学部分的大小题，解题前需要先做两道加减计算，而珠算部分已经涉及3位数的加减。其实，学龄前孩子大量玩耍时间被各种作业占用，愈演愈烈的幼儿园趋向“小学化”教学方式，把对孩子的爱变成了“害”，原因主要以下两点：

一、传授的知识不一定准确

不少幼儿园缺乏专科教师，如果传授的知识不准确，到了小学就很难纠正，因为孩子对所学的知识会“先入为主”。有小学老师反映，有些孩子英语口语发音不准，比完全不懂英语的学生还难教。

二、违反教育规律

不少幼儿园，没有玩具，没有游戏，孩子成天不是背课文，就是像走迷宫一样做算术，根本没时间做其他事；有些孩子只会认字，不会思考；那些远离生活、超出理解能力的知识让孩子产生了厌倦感；另外，幼儿园与小学低年级的重复教育，还容易使孩子养成不良的学习态度和习惯。

事实上，这种教育方式就犹如新版的《揠苗助长》，弊端非常多。在孩子上小学之前，如果过于强化孩子知识性教育，会扼杀孩子天真烂漫的个性，不利于想象力、创造力的开发和训练，创新性能力培养更是无从谈起。所以，在孩子上小学之前的教育要尊重孩子身心发展的规律和学习特点，以游戏活动为主，不是提前教会孩子多少小学知识，而是培养他们的习惯、兴趣和能力。

3 考级考证考考考，家长急孩子烦

如今获得各种证书的孩子越来越多，假如您走在大街上随便问一个背着书包的小朋友，很可能就是一个乐器五六级、懂英语、会计算机的“复合型人才”。每年的考级考试到底是学校教育之外一道靓丽的风景线，还是应试化教育向校外的延伸？

今年5岁的莎莎，从中班就开始了各种兴趣班的培训学习，有钢琴、剑桥少儿英语、主持、模特表演等，除了日常上幼儿园外，周六基本上都被排得满满的，只有在周日有一天的休息时间。为了接送孩子上考级辅导班，她的妈妈刘女士甚至辞职当起了全职妈妈。

刘女士这样认为：“考级是为了有学习目标，同时也给自己一点压力。先来说说钢琴考级，刚开始我们也没有给孩子考级的打算，学了一段时间后，才慢慢有了这样的打算。”现在孩子一周上一堂钢琴课，每天在家里固定练习时间是40分钟。孩子刚学时还挺有兴趣的，叮叮咚咚的钢琴声，给家庭带来了很多欢乐的气氛。可是自从打算考级了以后，她就不怎么爱学了。也许是因为指法比较枯燥，加上考级的曲目一般是西方国家的，孩子也可能没有很好地理解，而且，考级培训机构为了让孩子通过考级，最近也是只练考级需要的那几首曲子，所以孩子就感到学琴很没有意思，而不愿意练琴。妈妈对此也很着急，在家里就免不了督促孩子练琴，好几次，莎莎都因被妈妈逼着练琴而哇哇大哭。对此，妈妈是又着急又心疼。因为妈妈觉得，现在很多孩子都在考级，怕孩子输在起跑线上。

另外还有剑桥少儿英语考级，英语考级培训学习安排在孩子的寒暑假。莎莎的目标是在上小学之前把剑桥少儿英语的考级证书拿到手。妈妈也经常心疼孩子，同时也担心，这样枯燥的学习，怕孩子产生厌学的心理，所以也几次想放弃考级，但是心里总认为让孩子多学些东西没坏处。其实自己并没有指望孩子将来能成为什么什么家，只是觉得让孩子有一门特长，长大后无论在学校还是单位都会比别人出色一些就足够了。有的妈妈还认为："现在的小孩受的挫折少，通过考级也让他看看，有那么多同龄人都很优秀，以此刺激他的自尊心，让他积极向上。"同时还无奈地认为："别人都学，如果自己不学不是明摆着吃亏吗？"

事实上，孩子不考级并不吃亏。很多孩子加入考证考级大军，本意并非出自孩子，而是家长的意思。比如有些家长对音乐的了解并不深，孩子学琴的好坏，需要有一个衡量的尺度，想通过考级，检验一下孩子学琴水平。而有的家长存在攀比心理，看到别人家的孩子都考取了等级证书，为了满足自己的虚荣心让孩子也要参加考级。可有些考级考试对孩子能力的发展是不利的，有些知识也不符合孩子年龄的学习，真是劳民伤财，毫无意义。主要原因总结如下：

一、孩子过早承受学习压力，不利于其成长

不管是什么等级的考级考证，都有很强的竞争意识在里面，这对于孩子来说承受这种压力还为时尚早，家长也因此拖累得心力憔悴，这样很容易产生不好的情绪，进而又影响对孩子的教育。如果过多的考级考证，不仅会使孩子失去童年的很多有趣的活动，心理上也过于早熟，从表面上看也许挺懂事的，但是对于一个孩子来说没有快乐的童年，将是一个不完整和健康的人生。

二、有些考级班违背了艺术学习的初衷

一些家长的盲目跟风，虽然孩子已经考取了想要的级别和证书，但是艺术的欣赏力和鉴赏力并没有提高，而是把对艺术的学习变成了应试化的考试，偏离了艺术教育的宗旨。孩子学起来枯燥乏味，家长也对此付出了很多。

让孩子每天拥有早上 6 点起床、晚上 8 点睡觉的正常作息，能健康快乐地成长是最重要的，比起那些为了冲刺考级，每天上辅导班、考级班，每天辛苦到 10 点才能休息睡觉要强得多，孩子的社会适应能力、学习能力、对挫折的抵抗能力等，并非一张证书就能证明的。

4 赞美的艺术

我们都希望得到别人对自己的赞美，孩子也不例外。现在很多爸爸妈妈对孩子的赞美已不再“吝啬”，诸如“宝宝真棒”“你真聪明”“你真是个好孩子”的话也是常常挂在嘴边。对孩子进行建设性赞美，是一个合格家长应具备的素质，人们常说“好孩子是夸出来的”，但怎么个夸法还是需要讲究的。

我们来看几个生活场景：

星期天，罗罗在家里画了一幅画，这是幼儿园的老师给小朋友布置的家庭作业，上面画的是一个小朋友和妈妈手牵手在草地上玩耍。画完后，罗罗高兴地把画拿给妈妈看，“妈妈，你看我画得漂亮吗？”“这是你画的呀，真漂亮！罗罗真棒！”妈妈很自然地对孩子进行了赞美。过后，妈妈继续做着家务活，罗罗一蹦一跳地去自己的屋里了。这时，听到门外有人在敲门，原来是楼下的泡泡小朋友也把她的画拿来展示了。“阿姨，你看这是我画的。”“噢，不错，真棒！”妈妈没怎么看画就对泡泡进行了一番赞美。“妈妈，他画得不漂亮，我画得才漂亮呢！”罗罗大声嚷嚷着。“好好好，你们两个画得都漂亮。”妈妈随声附和着，“好了，你们俩玩玩具吧，搭积木也可以。”两个小朋友跑到屋里玩去了。

过了一会儿，楼下泡泡的妈妈来找泡泡回家了。等妈妈推门一看，整个房间被这两个小家伙弄得一片狼藉：积木摊了一地，有几本书东倒西歪地扔在床上，桌子上还摆着几个芭比娃娃。“罗罗，你们在玩什么呢？泡泡要回家了，你们让玩具也回家吧！”听了妈妈的话后，罗罗开始收拾玩具，而泡泡和妈妈就回家去了。一会功夫，罗罗就把玩具收拾得特别整齐：积木被放进了积木桶里；书被整整齐齐地罗列在书桌上；芭比娃娃也放到了自己的位置上。“真好，你真是个好孩子，乖孩子！”

上面的场景，也许会发生在您的家里，当孩子给您看他的作品时，您是否也随意地用“真棒”二字来做个笼统的评判和赞美，这样的赞美似乎很自然，好像也没有什么错。但是仔细想来，如果您总是这样夸奖孩子，她会觉得不过如此，今后不再相信您的评价，或者认为画画很简单，一旦遇到问题反倒对自己的能力产生怀疑。

如果您换一种方式说：“你一定动了脑筋有了灵感，才画出了这么美的颜色和线条。你能不能告诉我你是怎么想的，这里为什么要画成圆形，那里为什么要选绿的颜色？”孩子会很乐意回答您提的问题，给您讲他画画的过程。

我们在夸奖孩子时要重本质，要赞美孩子为画画所付出的努力，而不是单纯地对事情的结果做出好与坏的判断。重本质的赞美能激励孩子的积极行动，能增添孩子继续画画的动力。

当孩子收拾完房间后，妈妈大声赞美说：“你真是个好孩子，乖孩子！”妈妈的本意是强化孩子收拾东西的好行为，但说得不明确。

应该直接指出孩子做的事是多么珍贵，而且孩子有能力把自己的事情做好。您可以这样说：“今天你把房间收拾得真干净，我为你的进步骄傲！”这既有针对性地夸奖了孩子的好行为，帮助他懂得今后应该怎样做，又有意识地选择孩子刚萌发出的优点的苗头来夸奖，使他能逐渐巩固和强化偶发的良好行为。

随意的赞美会让孩子害怕失败，经不起挫折。当妈妈对另一个小朋友的画同样进行赞美时，罗罗的心里就不能承受妈妈说别人比她强的话，以至于说出“妈妈，他画的不漂亮，我画的才漂亮呢”的话。

的确，赞美有助于孩子自信心的培养，让孩子有个愉悦的心情，但赞美绝对不能滥用，如果平时无论孩子的行为对还是错，爸爸妈妈总是哄着说“我家宝宝最乖了”“你真听话”等等赞美之词，就容易让孩子形成我行我素耍性子、缺乏自制力、在幼儿园很不合群、对各种活动参与热情不高、不爱动脑筋等不好的心理习惯。因此，对孩子进行赞美应注意做到以下几点：

一、赞美孩子要有针对性、具体化

不要总是笼统地表扬孩子，比如“你真棒”之类的赞美，会让孩子无所适从。也许孩子只是帮你拿了拖鞋，妈妈就兴高采烈地表示“好孩子，你真棒”，不如告诉他“谢谢你帮妈妈拿拖鞋，妈妈很开心”。有针对性地表扬具体事情会让孩子更容易理解，并且知道今后应该怎么做，如何努力。

二、赞美孩子要恰如其分，不能大张旗鼓

您可以夸孩子在某件事上做得很对，但不能以偏概全，用一句“你是世界上最棒的”太过夸大的话来赞美孩子，可以对孩子树大拇指，或点头微笑，以示您对孩子做法的肯定和赞美。

所以，赞美孩子一定要注意讲究方式方法，孩子在成长道路上会有许多困难和障碍，具体地夸奖他的某一个好的行为，可以使他明白克服了一个困难，就能有新的进步。同时他会慢慢体会到，爸爸妈妈更关注他的学习过程，更重视他是否努力了，进而会从您的赞美中得到更多的鼓励和自信，勇敢地面对今后更多的挑战。我们要让赞美成为孩子成长过程中克服困难的动力、迎接挑战的决心和战胜困难的勇气。

5 爸爸唱白，妈妈唱红

在有些传统的家庭里，总是津津乐道于他们的“红白脸”教育方法：就是爸爸妈妈一方扮演红脸，一方来扮演白脸；一方对孩子进行严厉地管教，另一方对孩子进行柔声细语的哄劝。其实，这种一严一宽、一硬一软的教育方法，并不利于孩子身心的健康成长。

周末的餐桌上摆放着丰盛的晚餐，经过妈妈在厨房里的一阵忙活，一盘盘色香味俱佳的饭菜已经备齐，爸爸也从房间里走出来，准备洗手吃饭。可是6岁的龙龙却依然在沙发上目不转睛地看着电视里正在播放的动画片《喜洋洋和灰太狼》，似乎吃饭跟他没有关系似的。眼看着大家都已经围坐桌旁，只有龙龙还按兵不动。这时，妈妈实在看不下去了，对龙龙大声说到："龙龙，快来吃饭了！"龙龙还是好像没有听见一样，一边看一边自己咯咯地笑。见状，妈妈走向前去，站在沙发边上，用手拉着龙龙的衣服说："龙龙，走，吃饭了，大家都等你一个人了。""我不饿，我不吃。"小家伙继续看着他的动画片。"不行，不好好吃饭，一会你就饿了，如果吃零食营养就会跟不上了。"妈妈的语气有些严厉了。"不嘛，我要看电视。"龙龙依然任性地回答，并且用请求的眼神望着妈妈。"不行，我看你最近老是吃饭不好，幼儿园老师也反映你吃饭慢，你看你最近都瘦了，走，跟妈妈先把饭吃了，不许再看电视了。"妈妈的态度还是很坚定，同时想用手去拉龙龙，试图把孩子拉过来。

看着母子俩人的较量，爸爸在一边说话了："算了，让他看一会吧，反正他从幼儿园回来也吃了点东西，不怎么饿，一会再说吧。""这是惯着他，该吃饭不吃，大家都吃过后她再吃，这样不好。"妈妈有些着急地说。"什么好不好的，孩子不饿让他看会电视怎么了？"妈妈无奈，只好自己一人回到座位上吃饭。

等了一会儿，"喜羊羊"演完了，小龙龙也想起了吃饭，一个人大摇大摆地走过来，提高嗓门说到："我不吃饭，我要喝露露（饮料）。""不行，吃饭前喝甜的饮料不好，影响食欲。"妈妈及时进行了制止。"来，爸爸给你拿吧，电视里说了，这露露也有营养。"爸爸一边说一边打开易拉罐口，把吸管插了进去，并伸手递了过来。龙龙接过来，咕咚咕咚喝了起来。“龙龙，多吃菜呀。”妈妈开始督促龙龙吃饭。爸爸说：“行了，行了，他这不是吃饭了嘛。”

其实，“红白脸”的教育方式，在很多的家庭存在。有的家长还认为，一方家长在比较严厉地管教孩子时，另一方如果不出来打个圆场，一起批评孩子的话，觉得孩子也太可怜了。在这种思想的指导下，往往是一方在批评孩子的时候，另一方就出来制止，要么安慰哄劝，甚至当场对另一方进行指责，殊不知这样做反而会对孩子造成更大的伤害，主要表现为以下几点：

一、这种做法不符合孩子心理发育规律，不利于孩子形成正确的是非观。

一方家长强烈制止的行为，却被另一方家长支持，容易导致孩子心理上的失衡，影响孩子对一些事情的是非判断。有的孩子说，“我喜欢爸爸，不喜欢妈妈，因为妈妈打屁股。”一方家长对孩子的过度溺爱，破坏了孩子心目当中的规矩，在这种极端纵容下，孩子对一些规则会产生怀疑。

二、不利于孩子良好习惯和性格特点的形成

孩子的良好习惯和性格特点的形成需要后天的反复强化，逐渐巩固。家长教育方式不一致，就会使孩子“两面讨好”或是“无所适从”，孩子可能学会当面一套，背后一套。甚至孩子会对家长表示怀疑，往往让他觉得自己是正确的，家长至少有一方是不对的，有的孩子还会慢慢地学会说谎。调查表明在有心理问题的儿童中，父母采用“态度不一致”的方式的比例为17.3%，明显高于正常儿童家长所采取该教育方式的比例9.24%。

当然在教育孩子的过程中，爸爸妈妈的意见出现分歧也在所难免，当遇到这种情况，不妨采取以下做法：

一、保留意见

当一方家长正在批评或教育孩子时，如果和自己的观点不一致，另一方不能袒护孩子，也不要马上指出家长的不当言语，更不能当着孩子的面对另一方家长进行指责和批评，而是应该保留意见，再单独私下交流沟通。

二、经常沟通

在教育孩子方面，家长要经常沟通以达到态度一致，但方式可以互补。在教育孩子的过程中要不断地沟通，形成一个合力，相互配合和尊重，才能给孩子最好的成长环境。

6 家庭是最好的早教机构

随着爸爸妈妈对早期教育的重视，一些早教机构——亲子班应运而生。但亲子班的出现，并不能承担对孩子进行早教的所有的责任。家庭是孩子成长的港湾，更是人生的第一个课堂，家庭是对孩子进行早教的主战场，爸爸妈妈更不能缺位。

聪明可爱的豆豆已经1岁半了，最近每个周日都要去小区的一个亲子班进行1个小时的早教。豆豆妈妈说："来亲子班进行早教，孩子还是比较乐意的，记得第一次带豆豆去亲子班的时候，一进门我们就看见外面有几个小朋友在高兴地玩推小火车的游戏，整个亲子班布置得也很温馨，墙上到处都贴满了各式各样小动物的卡通形象。豆豆还以为是什么游乐场，就开始跑来跑去，脸上也露出了天真的笑容。"

后来在老师的统一指挥下，小朋友们要站成一队，由老师来讲解游戏的规则，大概用了20分钟的时间，这时豆豆就不怎么乐意了，自己一个人跑到一边，一会转个圈，一会又跃跃欲试地想冲上去拿工作毯，豆豆简直就是一个"捣乱分子"。

在后来几次去亲子班时，豆豆好像慢慢地熟悉了这里的活动规则，比较配合老师。一些家长对这里的教学还比较满意，觉得孩子在这里学到了一些东西。但豆豆妈妈说："毕竟亲子班只有1个小时，学到的东西是有限的，并且亲子班有很多小朋友在一起上课，这样老师不可能照顾到每一个小孩，孩子的能力就得不到很好的培养。"

其实真正培养孩子的地方还是在家里，家庭生活这种自由轻松的氛围会更加有利于挖掘孩子的潜质。孩子对爸爸妈妈有与生俱来的信任感，家长也最了解自己的孩子，家长是孩子的第一任老师，每个家长都是孩子观察和学习的对象。3岁以前是孩子对妈妈的依赖期，爸爸妈妈对孩子的教育更容易被孩子接受，而且对孩子的教育方式也非常灵活。需要注意的是，孩子在3岁以前是形成人生基本能力的重要时期，家长应该让孩子学习基本的生存能力，让孩子更多地去探索这个新鲜的世界，而不是让孩子学习文化知识。同时让孩子吃好、穿暖并且有一个好的生活习惯非常重要。3-6岁是人的一生中接受教育的黄金时期，爸爸妈妈可以以实际生活为素材，发掘孩子各方面的潜能，去引导孩子学习。

对孩子的教育是一个循序渐进的过程，不可能一蹴而就，家庭仍是孩子最好的早教机构，孩子的早教过程非常需要爸爸妈妈的陪伴。早期教育并不是让孩子能多认识几个汉字、会讲几个英语单词和会弹奏几首钢琴名曲，而是通过环境的刺激，来对孩子的大脑发育和人格成长打下良好的“地基”。其实，温馨幸福的家庭环境里，到处都是营养丰富的教育资源，爸爸的风趣幽默和妈妈的温柔体贴都是孩子学习和模仿的对象，听故事、做游戏或一起看动画片等生活片段，都是很好的早教素材，具体可参考以下几点：

一、听音乐

右脑也被称为“音乐脑”，特定频率下的音乐音符有利于调节大脑思维波段，使右脑思维被激活。例如，众所周知的“α脑波音乐”就是迄今为止在右脑开发方面最为普遍且有效的一种家庭早教方法。该音乐兴起于文艺复兴时期，音乐大师在演奏时将宇宙、自然界中的所有生命体信息融合于舒缓的古典钢琴曲段中，经常聆听有利于促进宝宝记忆力、创造力、思维能力等9大右脑潜能的发展。

二、玩游戏

爸爸妈妈们还可以参考《右脑潜能专家特训营》里的右脑5秒记忆图，给孩子一张有动物或花卉的格子卡片，让宝宝看上5-10秒，然后将卡片移开；另外拿出一张与原图格局相同，但其中若干格子却少了填充物，然后让宝宝在5秒内回忆格子里的物体，这种家庭早教方法有利于提高宝宝的瞬间记忆。

三、利用生活片段

爸爸妈妈要善于观察生活，利用生活。根据孩子不同年龄阶段，运用不同的方法对孩子进行早教。比如可以让孩子一起帮助做些捡豆子之类的家务，可达到训练孩子精细动作的发育；让孩子去收拾不玩的玩具，来培养自理能力；家里有客人来访时，是让孩子学习接人待物的好机会；给老人倒杯水，培养孩子懂得尊老爱幼的优良品质。

7 被妈妈禁止的“坏习惯”

孩子在妈妈心里犹如一颗小树，当小树出现分叉时，妈妈会毫不留情地进行修剪，来让小树得以茁壮成长。但如果妈妈不懂得小树的成长规律，就有可能出现“误判”，也许曾被妈妈明令禁止的行为，未必就是不好的，或许正是孩子成长之路的必经阶段，是正常现象，因此，我们要理性看待孩子的“坏习惯”。

璐璐是爸爸妈妈的掌上明珠，聪明伶俐，现在已经5岁了，是个淘气又可爱的孩子。一路走来，如果让妈妈说说璐璐的“坏习惯”，妈妈甚至可以说出一箩筐：小时候爱吃手、吃饭用手抓，后来还爱扔东西、好好的积木给推倒、随便破坏家里的东西，现在还挖鼻孔。妈妈说话间，璐璐又一身土地推门回家来了。

大概在璐璐4–5个月的时候，总爱吃手，不论怎么制止，她就是不听，这让妈妈特别头疼。妈妈说：“后来好不容易不怎么吃手了吧，又添了新毛病——扔东西，她总是故意把手里的东西扔到地上，然后让你捡起来递给她，她再扔到地上，而且还以此为乐。最可气的是大概在璐璐10个月左右的时候，吃饭时用手抓饭，弄得满身都是。后来慢慢这些‘坏习惯’没有了吧，又开始破坏家里的玩具，刚刚给她买的新玩具，还没有怎么玩呢，就让她给拆坏，比如芭比娃娃，让她弄得缺胳膊少腿、体无完肤。这些还不算什么，一个小女孩，老是挖鼻孔，这个习惯简直是太不好了。那天爸爸对璐璐说‘这不是个好习惯’时，她还反驳说：‘为什么呢？爸爸，你不是也经常这样做吗？’唉，这些坏习惯，管来管去，也没见什么成效。”妈妈有些无奈地说。

宝宝的降临，给家庭带来无比的欢乐和喜悦，但随着孩子的一天天长大，爸爸妈妈又开始为不断出现的一些“坏习惯”而烦恼，对孩子出现的各种问题，爸爸妈妈切不可盲目制止，要以科学的态度来对待，以免阻碍了孩子各种能力的正常发展。下面我就孩子普遍会出现的一些“坏习惯”做一个简单的分析：

一、吃手指

吃手指现象常见于4-5个月大的孩子，孩子认识这个世界，首先是通过嘴开始的，他们吃手指，说明大脑支配自己行动的能力有了很大的提高，从而起到促进大脑、手和眼的协调能力。婴儿出生后的第一年称为“口腔期”，是人格发展的第一个基础阶段，这时如果有吃手指的现象，爸爸妈妈不必太担心，更不能强硬地制止孩子吃手，这样反而会给孩子心理上造成阴影，长大后容易焦虑、发脾气，对别人缺乏基本的信任和安全感。爸爸妈妈要尽可能多地抚摸宝宝，帮宝宝把注意力转移到玩具或图画上，让孩子认识更多事物，开发孩子大脑。

二、扔东西

7个月大的孩子，开始有了扔东西的坏习惯。扔东西对孩子而言是个好玩的游戏，是成长必经阶段。在不断扔东西的过程中，强化了对各种物体环境的认知，锻炼眼手协调能力。爸爸妈妈首先要了解孩子扔东西的原因，是因为生气了还是因为好玩。如果是因为缺乏对孩子的关爱，可以适当哄抱，但一定要让孩子知道，自己扔的东西要自己捡回来，这样可以有效减少宝宝扔东西的毛病。

三、用手抓饭

10个月大的孩子喜欢用手抓饭吃，爸爸妈妈的阻止经常是不起什么作用。孩子喜欢抓饭其实是学吃饭的一种方式，用手抓饭不仅可以增加他们对食物的熟悉度，逐渐培养他们的兴趣，还能避免孩子长大挑食的毛病。需要提醒的是，吃饭前一定要把孩子的小手洗干净，注意卫生。

四、破坏玩具

如果孩子不是恶意地破坏玩具，爸爸妈妈还是不要制止孩子的这种行为。因为破坏玩具也是孩子探究世界的方式之一，是孩子创造力萌芽的一种展现，尤其是孩子把玩具破坏后再进行重新组装，有助于大脑的发育以及日后处理问题的能力的培养，更重要的是通过破坏玩具，有利于培养孩子的求知欲望。

五、挖鼻孔

挖鼻孔其实是个不好的习惯，如果经常用手来挖鼻孔，还容易得鼻炎。孩子爱挖鼻孔的原因，一个是孩子确实觉得鼻孔里有异物；二是有可能是对家长的一种模仿。想帮助小孩子改掉挖鼻孔的坏习惯，爸爸妈妈不能强行禁止，如果对孩子进行惩罚或者每天提醒孩子好几遍，反而是对这一行为的一种强化，更不利于孩子纠正这个毛病。正确的做法应该是首先弄清楚孩子挖鼻孔的真正原因，如果是病理性的，要带孩子去医院检查；同时告诉孩子挖鼻孔容易得病，如果鼻子不舒服，可以用纸巾擦拭。

8 背唐诗，不是每个孩子都需要

“鹅、鹅、鹅，曲项向天歌……”这首耳熟能详的唐代诗人骆宾王的《咏鹅》几乎成了现在很多孩子的必修课，甚至有的爸爸妈妈把“背唐诗”当成了评判孩子聪明与否的标准。

楼下住着一位叫莹莹的小朋友，今年有2岁半了，那天和莹莹妈妈的聊天中发现，莹莹已经能背10多首唐诗了，说到这里的时候，妈妈脸上洋溢着得意的笑容。每当有客人来家里时，莹莹也都要表演一番。

对莹莹背诵唐诗爸爸妈妈是有要求的，因为再有半年莹莹要上幼儿园了，幼儿园的入园要求是能背10首以上的唐诗，这是硬性规定。所以妈妈从莹莹2岁时就开始教孩子背唐诗，现在终于达到了入园的标准了。妈妈说，莹莹也比较喜欢背唐诗，尽管她还不明白每句唐诗的确切意思，但唐诗特有的朗朗上口、平仄押韵很适合孩子朗读和背诵。可有时候会是因为年龄小贪玩不愿意学，妈妈觉得“玩起来没够，还不如乘现在没有学业压力，抓紧多背些唐诗，也为孩子以后上学打下良好的基础。”

一天，妈妈看到莹莹在玩“给娃娃打针”的游戏，觉得是在浪费时间，就走过来说：“莹莹，别老是玩了，赶紧背背你的唐诗，好几天都没有背了，我看你都忘了吧。”这是妈妈的激将法。“我正在给娃娃看病呢。”莹莹等了一会才回答妈妈的话，看来莹莹完全沉浸在她的“医生”角色里。“那你给我背背‘白日依山尽’后面是什么？”妈妈试图用提问的方式来转移莹莹的注意力。“莹莹，我问你话呢，你听见没有呀？”妈妈的声音开始放大，“来，宝贝，别玩这个了，你给妈妈说说‘白日依山尽’下面一句是什么来着？”“黄河入海流”这次莹莹回答得很干脆。“对了！还有呢？接着说。”妈妈面带微笑地看着莹莹，满眼的期待。“不背了，我不背！”小家伙有些不耐烦了。“行行行，一会背啊！”妈妈还算满意地离去了。

莹莹妈妈介绍，如果不是莹莹在玩，教她背唐诗还是比较顺利的，不过比起以前还是差远了，刚开始学唐诗的时候孩子可喜欢了，学得也特别快，可是小孩子没什么长性，学了几首就觉得不新鲜了，不怎么愿意学了，而且如果不及时复习，刚开始学的几首很快也忘了，所以家长得经常督促她复习。妈妈觉得唐诗是我们民族文化的瑰宝，即使孩子不能完全理解其中的意思，但对孩子的节奏感、语感和审美情趣的培养都有好处。事实真的是这样的吗？

唐诗作为中国文化中的瑰宝，里面也包含了很多历史故事、做人道理、教育理念等非常宝贵的东西，让孩子从小接触还是不错的，但要注意一些细节：

一、选择适合孩子的唐诗

随着时代的发展，有些唐诗所传达的意思在今天看来已经不太适合，比如唐诗里也会有一些所谓“封建残余”的内容，爸爸妈妈一定要区别对待，在给孩子选择唐诗的时候要根据孩子的心理和生理特点而定。

二、不要让孩子死记硬背

从脑科学角度出发，孩子在 5 岁前的记忆方式是机械记忆，即使把唐诗背得很熟，过一段时间后也会遗忘，因为孩子产生记忆的大脑在 5 岁之前还没有发育完善，对孩子以后的学习也没有什么用处。唐诗对小孩子来说不会像成人那样能完全理解，爸爸妈妈完全没有必要强迫孩子去死记硬背一些唐诗，如果能像讲故事一样给他们讲一讲，孩子会更容易接受。

三、不建议年龄太小的孩子背诵唐诗

孩子从出生的那一刻起便开始了学习，婴幼儿期的学习不仅仅是单纯的背诗、音乐、写字等技能，更重要的是通过学习，孩子的运动、感知、语言、情绪、理解、自我服务、社会适应等诸多能力能得以很好的发展。所以孩子学唐诗的年龄不能太小，对于 1 岁多一点刚刚学说话的孩子，让孩子背古诗其实没有太多的意义，爸爸妈妈可以把唐诗读给孩子听。

因此，孩子学不学唐诗并不是必需的，能背会多少唐诗也代表不了孩子是否聪明，有些幼儿园把孩子背唐诗作为入园标准是非常不可取的。在孩子成长的过程中，爸爸妈妈要善于发现孩子的学习兴趣点，并进行因势利导，小心地呵护孩子学习的积极性，更不能抱着一种攀比和炫耀的心理，来给孩子进行知识的灌输，用强硬的态度让孩子背唐诗对孩子的发展是没有任何好处的。

第五部分　孩子聪明就这么简单

爱迪生、李开复、比尔·盖茨，这些传奇人物背后，究竟有着怎样的教育？我们在追溯他们成功历程的同时，是不是也反思一下自己：我们是否善于去发现孩子的天赋，并有意识地去培养？我们是否给孩子足够大的空间，懂得如何对孩子放手？在追求考试高分数的同时，是不是忽视了社会这个大学堂？

1 怎样才是因材施教

孩子的天赋是千差万别的，对孩子的教育要因材施教的观念也已经深入人心，但有些人认为因材施教是孩子上学以后老师的事情，其实不然，早教也不例外，因为6岁以前是孩子发育的关键期，决定了孩子将来各种能力的发展水平和良好性格的形成。因此，爸爸妈妈一定要在这个特殊阶段，根据孩子的特点采取合适的管教方式，对孩子进行正确的引导。

6岁的强强不善言谈，喜欢画画、折纸、安静地摆弄他的玩具，被很多人称之为乖孩子，可是强强的这些表现，并没有得到妈妈的满意，妈妈认为强强太不爱表现自己了，希望孩子能够健谈些、开朗些。妈妈为了让孩子能够全面发展，兴趣班就报了5个，有美术、舞蹈、声乐、手工和英语。

强强对美术和手工特别感兴趣，老师一教就会，但是对声乐和舞蹈学起来就比较吃力。强强也几次向妈妈提出自己不想上舞蹈课了，可每次都被妈妈以“你应该加强这方面的能力”为由拒绝了。如果有客人来，妈妈总是把强强叫来，让强强给大家表演，希望这样可以锻炼孩子的胆量。“妈妈，下次张静阿姨到咱们家来，别让我表演了。”孩子在一次客人走了以后，用恳求的语气跟妈妈说。“为什么？你看你表演完了，大家都给你鼓掌呢。”妈妈用安慰的眼神看着强强。

妈妈用心良苦，强强反而变得越来越胆小和没有自信，就连自己喜欢的美术和手工课也不像以前那么感兴趣了，这让妈妈很费解。后来妈妈决定去偷偷地观摩一次孩子上兴趣班的表现，并且先从孩子的舞蹈课开始。舞蹈课上，随着音乐响起，小朋友们大都在老师的带领下面带笑容地开始舞动，唯独强强表情单一、目光呆滞，动作不仅僵硬还比别人慢半拍，而老师对此事好像已经习以为常，并没有做任何处理。音乐结束了，孩子们叽叽喳喳地围着老师问这问那、欢呼雀跃，而强强却傻傻地站在那里呆呆地一动不动。可想而知，孩子此时是不快乐的，也许内心正经受着煎熬，孩子的自信心也正在接受着打击，而这种情绪也许会延伸到其他的时间和领域。看到这里妈妈对一切都明白了，她实在看不下去了，流着眼泪偷偷地离开了。

其实，每个孩子都有他自己的特点，我们一定要尊重孩子的特点，不要盲目地跟风，不能主观地认为“孩子应该怎样怎样”，“因材施教”不能只停留在口头上，还要真正落实在我们对孩子具体的教养中，这样才能达到事半功倍的效果。我讲的“因材施教”主要包括三个方面：

一、教育孩子要注重阶段性

其实孩子在每个阶段，都有不同的教育重点。如：出生后的0-6

个月，宝宝的生长发育最为迅速，脑细胞的胞体体积增大，这个时期爸爸妈妈更多的是对宝宝进行悉心的照顾。9-24个月期间，是孩子分辨多少、大小的开始，同时也是培养自我意识、亲子依恋的关键时期；2-3岁是学习口头语言的第一个关键年龄，也是计数发展的关键时期；4岁以前是形象视觉发展的年龄，更是养成良好学习习惯的好时机；而4-5岁是开始学习书面语言的关键时期，也是发展想象力创造力的最佳时期；5-6岁则是掌握语言词汇能力的时期，同时也是开始为孩子入学做好充分准备的阶段。

如果爸爸妈妈忽略孩子某一阶段的发展特征，过早、过度开发孩子单方面的能力，如识字等，不但不会增强孩子的记忆能力，让孩子变得更聪明，甚至还有调查表明，孩子在过早地接受这种程式化的教育之后，对已有的知识失去新鲜感，对以后的学习会产生不良的影响。因此，适龄化才是孩子早期教育的重中之重。

二、教育孩子要关注孩子的兴趣点

爸爸妈妈千万别忘了“兴趣是最好的老师”，兴趣是孩子学习的催化剂。在孩子的教育过程中，要善于发现孩子的兴趣点，然后做适当的引导，如果孩子将来能把兴趣变成事业，孩子的一生是快乐的，并且更容易做出成就。那么孩子的兴趣点是有限的，如果让孩子放弃自己感兴趣的领域去学习自己不喜欢的东西，那将会事倍功半。

三、教育孩子要尊重孩子的性格气质类型

孩子的气质类型无好坏之分，也不决定孩子智力水平的高低，各种气质的人群中均有优秀人才，不论哪种气质类型都有积极和消极两个方面。通常情况，孩子的气质类型分为：难养型、易养型、启动缓慢型。其中，难养型的孩子在睡眠、进食、大小便等问题上难养成规律，看见生人就害怕，对新事物采取拒绝态度，适应较慢，较难抚养，多为消极情绪，好哭、好动，遇到困难后大声哭叫；易养型的孩子睡眠、进食、大小便等问题上容易养成规律，易接受新事物和陌生人，见人就笑，对人友好，主动大方，情绪多为积极性，反应中等，适应快，较易抚养，将来不易出现心理行为问题；启动缓慢型的孩子对新事物和陌生人的最初反应是退缩、适应慢，反复接触才能慢慢适应、反应强度低，活动水平低，无论是积极反应还是消极反应都很温和。

针对不同性格和气质类型的孩子，应采取不同的教育方式：

1、**容易抚育型**。这类孩子对各种教育方式都比较容易适应，爸爸妈妈也常常在育儿过程中得到极大的满足感。爸爸妈妈对孩子的教养中，除了要给予关爱、重视，使孩子的情绪和行为更加积极、愉快以外，还要注意教育的一致性：不能今天是一种要求，明天又是另一种相矛盾的要求。另外，还应该教导孩子分辨危险情境，并对其不当的活动行为进行限制和引导。

2、**抚育困难型**。对这类孩子的培养应该有耐心。每天都应该有适当的场所让他尽兴地活动，例如可带他到住处附近的公园玩一玩，或购置室内弹簧垫、脚踏车等，让孩子消耗旺盛的精力。同时要注意安排其规律的生活，陪伴他做一些阅读等静态活动。在教育孩子的时候，爸爸妈妈的观点要保持一致，不要经常斥责、惩罚孩子，否则孩子就会表现得更加烦躁、易怒，爸爸妈妈理性地克制自己的情绪，积极地适应孩子，耐心地说服孩子，才能使孩子产生安全感，孩子有了安全感，情绪才能逐渐趋向平和与稳定。

3、启动迟缓型。爸爸妈妈要鼓励孩子多尝试动态活动，多做一些体能亲子游戏，给孩子创造活动与交往的机会。要注意循序渐进，让孩子按照自己的速度和特点去适应环境，积极的暗示和鼓励对这类孩子非常重要。不要急于求成，否则孩子容易有压力。

2 李开复和他的“聪明”妈妈

李开复是一个传奇人物，不仅仅是他具有华人血统、美国教育、科学家背景，更是捣蛋的“小皇帝”、11 岁的“留学生”、奥巴马的大学同学、26 岁的副教授、33 岁的苹果副总裁、谷歌中国的创始人。人们不仅关注他取得的各种成就，更津津乐道他不同寻常的成长经历和妈妈对他的教养方法。

李开复曾在他的自传中这样写道：4 岁的时候，曾经跟妈妈说：“幼儿园太无聊了，我不想上了，我要读小学。”妈妈问：“怎么了，幼儿园里不好吗？”“太无聊了，整天都是唱歌吃东西，老师教的东西也太简单了。”“你才 5 岁，再读一年幼儿园就可以读小学了。”“让我尝试一下好吗？下个月私立小学有入学考试。如果我的能力不够，我就没法通过小学的入学考试；可如果我通过了考试，就表明我有这样的能力，那你们就应该让我去读小学。”妈妈笑着说：“好吧，我明天去学校问问。”小学入学考试过后，等到放榜那天，妈妈陪李开复去学校，一下子就看到“李开复”三个字在第一名的位置，妈妈激动地像个孩子一样叫起来：“哎呀，第一个就是李开复，你考上了！”

有一次，李开复为了能晚睡1个钟头，偷偷把全家的钟表都调慢了1个小时，结果，第二天母亲起床上班迟到了。但当妈妈发现是李开复的恶作剧后，不但没有惩罚，还觉得非常有趣。当然，妈妈对“顽皮”的宽容也不是没有条件的，凡事一旦和李开复的成长和未来相关，妈妈就会特别重视，也会提出非常高的要求。一天，邻居阿姨看到小小的李开复，就跟他开玩笑说：“你读得来吗？”“我还没看到过99分呢。”李开复的言下之意就是每次都考100分。一周后，李开复拿着90分的考卷回家，被妈妈打了一顿，妈妈很生气地说：“我记得那天你对阿姨夸下的话，打你不是因为成绩不好，而是太自大。”

李开复的功课虽然不错，但也不是每次都能考高分。有一次，李开复在回家的路上把“78”分改成了“98”分，回家后竟然没有被妈妈看出破绽。这种事情有了第一次就会有第二次，当李开复再次拿起笔去改考砸了的试卷时，竟在分数上拖了一个长长的尾巴，害怕被妈妈看出，李开复就把试卷扔到了水沟里，回家后，妈妈并没有急于问起分数。后来李开复终于憋不住了，跑到妈妈面前承认了错误，原以为母亲一定会狠狠打一顿，但妈妈却说了这样一句话："知道错就好了，希望以后你做个诚实的孩子。"妈妈的言传身教让李开复懂得了做人的道理，知道了"诚实""诚信"这些字眼对一个人的一生来说有多么重要。

李开复10岁的时候，在美国的大哥回家探亲。吃饭时，大哥在跟妈妈抱怨，怪台湾的教育太严了，小孩子们的灵气越来越少。妈妈从没去过美国，她接受的是中国传统的教育，但却做出了一个出乎大家意料之外的决定——送李开复去美国学习。在李开复10岁那年，开始了他在美国的留学之路。

李开复的成功和小时候妈妈对他的教育是分不开的，小时候非常顽皮的李开复，能够健康地成长，得益于她有一位"聪明"妈妈。她给我们带来的启示主要有：

一、童心未泯

妈妈对李开复的顽皮，并不像其他妈妈那样严厉管教，正是妈妈对李开复调皮的"容忍"，给了李开复去实现人生中第一次尝试和跨越的机会，也让他懂得，只要大胆尝试、积极进取，就有机会得到期望中的成功。现在，很多爸爸妈妈给了孩子太多的关爱，生怕孩子受一点伤害，不愿让孩子冒险尝试与众不同的东西。其实，孩子从小就需要独立性、责任心、选择能力和判断力。

二、宽严有度

李开复曾这样评价自己的妈妈：我很庆幸有这样一位既传统又开明，既严厉又温和，既勇敢又风趣，既有爱心又有智慧的母亲。她的教育既有中国式的高期望，也有美国式的自由放权；既有中国式的以诚待人，也有美国式的积极进取。如果说我今天取得了任何的成功，那么，这些成功都是来源于母亲的教诲、牺牲、信任和支持。

3 如此打造“比尔·盖茨”

如果不说出他的名字，也许您很难把一个小时候动作迟缓、经常迟到、不合群的人和一个全球首富连在一起。的确，他就是比尔·盖茨——微软公司创始人、全球首富、慈善家。这悬殊如此之大的人生经历，更加激发了我对他的好奇。通过对比尔·盖茨童年生活的追溯，也许能找到其中的答案，同时希望能给您带来在孩子教养上的启示。

比尔·盖茨的父亲老盖茨曾爆料比尔·盖茨的成长过程：其实比尔·盖茨小的时候并没有显示出什么过人的天赋，甚至和同龄孩子相比有很多缺点和毛病，比如动作迟缓、经常迟到、不合群等等。老盖茨为了培养盖茨成才也曾经和很多中国家长一样，在教育上花费了大量心血，包括钢琴课、体育课等等，但是后来证明比尔·盖茨并没有这方面的特长。

比尔·盖茨小时候非常喜欢阅读，尤其是那套《世界图书百科全书》更是百看不厌，做事情也非常专注，善于思考。老盖茨认为，在比尔·盖茨的学前教育中，培养阅读兴趣是十分重要的，在这方面比尔·盖茨的外祖母嘉米对他的影响比较大，老人总是喜欢让孩子们读故事书，并且让他们抢着大声阅读并加以讨论，这让孩子们迅速掌握了大量词汇。外祖母还特别喜欢和比尔·盖茨一起做游戏，尤其是一些益智的游戏，他们玩游戏时，外祖母经常鼓励比尔·盖茨说："使劲想！使劲想！"当外祖母意识到比尔·盖茨在思维能力与记忆力上具有超长的潜力后，总是不失时机地激活比尔这方面的潜能，有时祖孙俩到公园散步，外祖母就会与比尔·盖茨交流下棋的技术或对某篇佳作的看法，让比尔·盖茨寻找更新的下法或表达他独到精辟的见解。

为了比尔·盖茨不会因为过于沉迷阅读，而忽略了人际交往，老盖茨夫妇积极为比尔·盖茨寻找让他与外界接触进行社会实践的方法，比如让比尔·盖茨在晚会上做引路员、在爸爸的事务所里做杂役等等。另外老盖茨和妻子还组织了大规模的家庭聚会，聚会还设置了很多游戏，比如两人三条腿、用勺子掂鸡蛋等，来培养比尔·盖茨的协作和竞争能力，"这些活动使孩子们能够从中学会理解他人和感受关爱，我相信这些是帮助比尔·盖茨取得成功的重要要素。"老盖茨说。

老盖茨介绍说，儿子在11岁时便表现出与众不同的智力水平，经常向爸爸妈妈问一些国际关系、商业和生命本质的问题。此时，比尔·盖茨也已开始不断冲撞意欲控制他的妈妈，较量不断。比尔·盖茨12岁那年，在一次晚餐上，他同妈妈的大战终于达到了高潮，盖茨冲着妈妈大吵大嚷，他现在将其描述为“极其不敬，带有狂妄自大的孩子般的粗鲁”，老盖茨再也按捺不住心中怒火,将一杯水泼到了儿子的脸上，他和妻子还为此带比尔·盖茨去看了心理医生。据说心理医生当时告诉老盖茨夫妇,你们的儿子最终将赢得“独立战争”的胜利，你们最好减少对他生活的干涉。老盖茨夫妇最终掀开了抚养孩子的重要一页——选择放手。他们将小盖茨送到西雅图收费最高的私立学校之一——湖滨中学，这里以自由闻名，学校里的各种协会和兴趣班让孩子们得以发挥自己的特长和爱好。

毕竟，全世界只有一个比尔•盖茨，对孩子的教育我们不能复制，但是从老盖茨的讲述中很多人都有所感悟：

一、我们是否在发现孩子的天赋，并有意识地去培养

如果孩子对某些方面非常着迷，或者做某件事情，其他孩子需要费很多力气而您的孩子却能轻易地完成，这就需要爸爸妈妈留意了，看看孩子是不是有这方面的特长和优势，要知道兴趣的力量是非常大的，只有孩子感兴趣，才能学得好。

二、我们是否给了孩子足够大的空间，懂得如何对孩子放手

孩子的成长需要自由的空间，爸爸妈妈不要关闭孩子的梦想之门，而是对孩子的理想进行合理地引导，让孩子为自己的梦想去努力和拼搏，帮助孩子去实现自己的梦想。

三、不要忽视社会这个大学堂

人是社会的一分子，文化知识的学习仅仅是学习的一个方面，培养孩子全面发展，不能忽视了社会的作用，孩子学习做事、做人和养成良好的性格和品德，更离不开社会实践。也许正是这些实践活动的作用，使比尔·盖茨学会了理解他人和感受关爱。

4 爱迪生是如何淘气的

很多爸爸妈妈都为家有“淘气包”而苦恼，可是淘气不仅是孩子的天性，也是创造力的一种体现，正是孩子对大千世界充满了好奇和遐想，才激发他们去不断地尝试和探索，孩子在“淘气”的同时也积累了经验，体会成败的过程也为他们的成长提供了能源。

爱迪生是一位世界闻名的伟大发明家，他对人类的贡献涵盖了我们生活的方方面面，但小时候的爱迪生是个十足的“淘气包”。爱迪生小时候总爱缠着爸爸问这问那，“天上的星星有几颗？”“为什么会刮风啊？”爸爸总是被问得不知所措，家里人都害怕爱迪生问问题，因为很多问题大家都答不出来或者不知如何回答。

爱迪生 4 岁时，有一次在树林里看到一棵大树上有一个很大的野蜂窝，这引起了爱迪生很大的兴趣，心想："为什么这个漂亮的蜂窝吊在树上，不怕风吹，也不怕雨淋呢？这个野蜂群的家究竟是怎样的构造呢？"正当好奇的爱迪生踮着脚，准备把脑袋伸进去探个究竟，只听"嗡"地一声，一群野蜂从蜂窝里朝他迎面扑来，把他蜇得连眼睛都睁不开了，最后还被野蜂蜇昏了过去。等爱迪生费劲地睁开眼睛时，他已经躺在了家里的床上。爸爸妈妈正坐在床边，焦虑关切地看着他，爸爸非常生气，本想冲着儿子大声斥责，可是面对被野蜂蜇得满头大包、全身红肿的爱迪生，真是既心疼又生气，说："你真让我失望，你干嘛非要去碰那些危险的东西呢？你这么不听话，往后要我们为你担心多少啊！"

有一天，爱迪生看见有人用气球做一种飞行装置试验，他想：要是人的肚子里充满空气，是不是也照样能飞上天？几天以后，他把几种化学药品搅拌在一起，叫他的好朋友迈克尔·奥茨喝下去，高兴地盼着他会飞上天，可迈克尔不但没能飞上天，反而肚子疼得哇哇大叫，最后，幸亏妈妈及时赶到，赶紧送往医院才化险为夷。

爱迪生快过5岁生日时，一天妈妈告诉他说："妈妈养的几只大母鸡已经开始产蛋了，等到你生日那天妈妈给你做鸡蛋宴。"爱迪生听了高兴地问妈妈："妈妈，过生日为什么要吃鸡蛋？"妈妈解释说："最近我看到一本书，书中介绍说过生日吃鸡蛋一年都会有好心情的。"爱迪生对妈妈的话信以为真，从此就天天守在鸡窝旁边等着鸡下蛋。后来当他发现每次鸡下完蛋以后就把蛋压在肚子下面时非常不解，妈妈告诉他那是母鸡在孵小宝宝，爱迪生非常好奇，一天竟然自己趴在草堆里孵蛋，以期也能孵出小鸡，害得家里人四处找他。

五彩斑斓的大千世界时时都激发着爱迪生的好奇，爱迪生 6 岁就开始劳动了，在劳动中他仔细地观察了家里附近的大榆树、红枫树，并且还认真地对它们的生长做了记录。随着年龄的增长，想法也越来越多，在强烈求知欲的驱使下，爱迪生用火点着了爸爸的仓库，理由是他想知道爸爸的仓库要是起火了，究竟能胜过多少个火炉子，结果仓库化为灰烬。

在爱迪生 9 岁那年，妈妈给了他一本名为《自然哲学的学校》的书，书里介绍了一些人们可以在家里做的一些简单的实验。他如饥似渴地将这本书读完，然后买来化学制品，四处搜寻到电线之类的边角料，在卧室里建起了一个实验室。爱迪生做了里面所有的实验，他做的实验之一是将两只大猫的尾巴搁在电线上，将它们的毛相互摩擦，试图产生静电，结果他被两只猫抓得鲜血淋淋。

在生活中，像爱迪生一样喜欢提问的孩子有很多，面对孩子奇怪的问题，您是不是都在耐心地回答，并且有意识地进行了启发和引导？对于孩子的淘气行为，您是不是不加思索地进行否定和训斥？对此，爸爸妈妈一定要理性地对待，且不能以成人的眼光来看待一切，孩子的淘气是难能可贵的创造力的体现，别因为您的武断而扼制了孩子想象力的萌芽。以下两点供您参考：

一、善于倾听孩子的讲话

孩子有很大的求知欲望，会给大人提出很多问题，爸爸妈妈要听孩子的提问，而且还得会听，看看孩子对哪些方面感兴趣，平时都关注些什么，便于我们更好地了解孩子的内心，帮助我们更好地教育孩子。

二、淘气是孩子的天性

淘气，也是孩子的一种学习方式，是探索世界的手段之一，很多孩子正是在淘气中，思维得到了开发，能力得到了发展。所以，爸爸妈妈要站在孩子的角度看问题，孩子的淘气也是想象力和创造力发展的土壤。

5 带上孩子去旅行

旅行是锻炼孩子观察能力、分析能力、应变能力和动手能力的好时机，只要旅行计划合理可行，通过旅行不仅能培养孩子的独立能力，同时还能够陶冶性情、增长见识，爸爸妈妈要有意识地给孩子创造成长的机会，让孩子在旅行中成长，在体验中得到早教。

硕硕现在虽然已经上小学二年级了，但爸爸妈妈觉得硕硕的自理能力还有待提高，硕硕还没有独当一面地处理过事情，所以妈妈决定，在“五一"放假期间，安排一次外出旅行，想让孩子通过旅行能得到一次锻炼和成长。

第二天晚上，经过爸爸妈妈和硕硕的商讨，决定了这次旅行的时间为2天，并采取自助游的方式，关于目的地的选择，爸爸妈妈提议最好选离家不太远的景点，活动经费定为每人1000元，其中包括交通费用、景点门票、一个晚上的住宿费、两天共四顿的正餐费用、饮料、零食、购买纪念品的费用等，经费由妈妈保管，但具体怎么支出大家都要提出自己的意见，尤其是硕硕要尝试着管理财务，并担当这次旅行的“总指挥”。

放学后，妈妈带着硕硕一起去了一家旅行社，他像个小大人似的坐上了咨询椅，问道：“阿姨，请问我有两天时间、3000元钱，能去什么地方？”旅行社人员回答：“从上海出发，两天可以去杭州、无锡、南京、扬州……很多地方，成年人通常需要400-500元，有大人带的儿童可以打对折，不过，这也要200元钱。”在妈妈的提醒下，硕硕向旅行社的阿姨要一些资料，打算回家一起再好好研究研究。

晚上，硕硕在妈妈的帮助下，在专业的旅行网站上他们查看了无锡的相关资料，妈妈和硕硕都觉得无锡是个不错的旅游景点，在征得爸爸的意见后，旅游目的地定为无锡。接着，硕硕开始布置任务："爸爸负责去买无锡的来回火车票，并熟悉无锡各个景点的交通情况。妈妈列出旅行用品清单，并在出发前备齐。"

硕硕一家人的旅行在五一小长假中如期开始了，硕硕作为"总指挥"，在爸爸妈妈两位顾问的支持下一路安排着旅行的相关事宜。在这次旅行中，硕硕学会了如何和爸爸妈妈更好地配合、认识了很多以前不认识的植物和动物、学会了使用照相机，还给爸爸妈妈拍了100多张照片。

回家以后，爸爸妈妈觉得有些疲劳，不过，硕硕还处于兴奋之中，他还写了旅行日记，晚上还帮妈妈一起整理物品，把脏衣服放入洗衣机，因为通过这次旅行，硕硕更加懂得了相互合作。

带着孩子去旅行，对孩子的成长是有帮助的，但需要提醒爸爸妈妈的是：

一、注意安全

带孩子出去旅行，安全问题要放在第一位，环境比较险要的地方，最好不要选择；让孩子学会遵守交通规则，不要乱跑，以防走失；另外也别忘了带上些孩子的常用药，比如退热药、跌伤药等，尤其是多带一些补充维生素的药品，一旦孩子身体不适，就会派上用场。

二、根据孩子的年龄来选择旅游地点

0-2岁期间的婴儿，我们还是选择旅途比较短的地方，因为孩子比较小，不太适合长途旅行；在选择航班的时候，尽量选择白天飞行的航班，因为在夜里，小孩会比较闹，需要倒时差，孩子不太适应；气候方面也要考虑在内，尽量选择气候宜人的地方；另外，孩子们毕竟还小，旅行的经验不足，在旅行途中需要大人的指导，自助游的目的地最好是家长以前去过而孩子没去过的地方，这样家长准备起来也更从容。

三、在旅行中对孩子进行品德教育

让孩子懂得爱护风景区的环境，随时提醒孩子尊老爱幼，如让老年人先行，给比自己年龄小的孩子让座等。

让孩子融入到社会生活中，多给孩子为他人服务的机会，会更利于孩子的性格发展。

第六部分 品格、情商与智商大练兵

一个孩子的成功，智商是基础，情商是保证，别让孩子遭遇高智商而低情商的尴尬，而家庭不仅是孩子情感发展的基石，更是培养孩子情商的第一所学校。

1 有智商却无情商的尴尬

以往大都认为一个人能否取得成就，智力水平是第一重要的，即智商越高，取得成就的可能性就越大。其实不然，情商水平的高低对一个人能否取得成功也有着重大的影响作用，有时其作用甚至要超过智力水平。情商（EQ）又称情绪智力，主要是指人在情绪、情感、意志、耐受挫折等方面的品质，其实人与人之间的情商并无明显的先天差别，更多与后天的培养息息相关。

“妈妈，你快点来救救我吧！”今年上初三的丁丁打电话向家里求救。原来丁丁的宿舍里有一个同学晚上睡觉说梦话，影响了丁丁的睡眠，这样十多天下来，他头晕晕的，上课没精神，可是又不知道怎么来处理这件事情。最近的几次考试，丁丁的成绩都很不理想，这让他非常着急。爸爸妈妈得知情况后，赶紧来到学校，又是找老师，又是找同学，一阵忙活。

丁丁的学习一直还是不错的，妈妈让丁丁在上小学之前，就把小学三年级的数学功课基本掌握了，然而丁丁的生活独立能力却很差，10 岁的丁丁在吃饭时，还让姥姥一口口地喂，不喂就不吃，姥姥不敢让他在学校里吃小饭桌，担心他吃不饱。

在丁丁上小学三年级时，爸爸妈妈带他去测了一下智商（IQ），智商是 130，这可把爸爸妈妈乐坏了，纷纷告知邻居们，但不少邻居却嘀咕说：他们家丁丁就是会考试，其他的诸如人际交往很不在行，在学校里不会和同学、老师交往，从小也没有玩伴，对待邻居的长辈们也没有礼貌。丁丁人小脾气很大，有一次，因为妈妈没有给他买雪糕，丁丁摔了车门就走了，但丁丁妈妈却说，"没关系，孩子还小，现在把成绩弄上去就行了，学习好了长大后什么就都会了。"

现在丁丁马上就要中考了，学习压力非常大，加上孩子不怎么会和别人交流，性格孤僻，不合群，坏情绪得不到有效的缓解，现在学习成绩又出现了下滑，这让爸爸妈妈非常着急，担心在这关键时刻丁丁会顶不住。

当今社会，"分数"关系到一个孩子的升学和就业甚至前途，而对"分数"起决定作用的不仅仅是大家普遍认为的智商，更多的是情商。其实，大多数孩子的智力都差不多，那为什么有的孩子成绩好，而有的孩子的成绩就不如意呢？原因就在于情商的不同，决定了智力能否得到很好的发挥，从而影响成绩。孩子出现的抵触情绪、封闭自我、缺乏自控、没有目标、上网成瘾、不跟家长沟通等都是情商的问题，对孩子加强情商教育是社会发展的必然。情商形成于婴幼儿时期，成型于儿童和青少年阶段，它主要是在后天的人际互动中培养起来的，培养孩子的情商，爸爸妈妈不妨从以下几个方面做起：

一、爸爸妈妈要做孩子的好榜样

为孩子营造和谐的家庭环境是培养孩子情商的基础，平时在生活中，家长要用热情、豁达、乐观、友善等好情绪对待孩子和他人，控制住自己不好的情绪，这样孩子才会具有活泼、大方、快乐、关心他人的优良情绪和性格。需要提醒家长的是，凡是要求孩子做到的，爸爸妈妈首先自己要做到，用榜样的力量去影响孩子。

二、要注意孩子情感的细微变化

让孩子学会沟通，是培养情商的手段。爸爸妈妈要与孩子做一些心灵沟通，做孩子的知心朋友，这样孩子在出现问题时才会跟家长沟通，并且孩子还可以从爸爸妈妈那里学到沟通的一些技巧。对于孩子合理的要求，爸爸妈妈应该尽量给予满足，如果孩子的要求不合理，也要向孩子说明拒绝他的理由，不能对孩子随意训斥、打骂，要让孩子的情感得到合理的流露，然后家长分析原因，再进行解决。

三、为孩子创造培养情商的机会，要懂得对孩子放手

爸爸妈妈可适当带孩子去参加一些聚会、晚会、让孩子接触各种场面，学习与人打交道。同时，要鼓励孩子多参加各种集体活动，同龄小朋友一起生活游戏的过程，也是一种学习的过程，在相互玩耍中得到锻炼，培养孩子自己解决问题的能力，让孩子在体验生活的过程中去磨炼意志、锻造品格，最终能够得到成长。

那种只关注孩子的学习成绩、重视对孩子的智力要求，而忽视对情商培养是不可取的。一个孩子的成功，智商是基础，情商是保证，别让孩子遭遇高智商而低情商的尴尬。家庭不仅是孩子情感发展的基石，更是培养孩子情商的第一所学校。

2 孩子受委屈了，要安慰吗

虽说孩子是爸爸妈妈的掌上明珠，但当您的“宝贝”对您诉说他所遭遇的委屈时，您也一定要冷静地对待。首先要和孩子建立同理心，理解孩子的遭遇，然后听孩子诉说事情的原委，最后再进行有效的解决。

熊熊今年刚刚上一年级，每次从学校回来，妈妈总是要问一问：“熊熊，今天在学校开心吗？”“高兴不高兴呢？”熊熊总是高兴地说“挺好的”。

这天，妈妈像往常一样来接熊熊回家，一见到熊熊，就看见孩子一脸的委屈，妈妈上前忙问“熊熊，今天有什么不高兴的事情吗？”“我再也不要上学了！”熊熊大声嚷嚷着。“怎么回事？给妈妈说清楚。”此时，熊熊哇哇大哭起来。

回家后，熊熊也不吃饭，妈妈问他怎么回事，他也讲不太清楚，大概意思是，他和小朋友开玩笑，老师狠狠地批评他了，他觉得很委屈，并扬言“我以后再也不去学校了”。听到这些，妈妈当时也非常生气，不就是小孩子调皮嘛，老师怎么能这么对待孩子呢，让孩子委屈成这样，而且还不想上学了。妈妈越想越生气，就打电话给熊熊的老师，想问个究竟，希望老师能打电话劝劝孩子。

原来，熊熊不仅聪明可爱，而且也非常调皮，上课爱说话、好动，喜欢搞恶作剧，老师也曾耐心地教育过他，可作用不大。这次在上课时，熊熊偷偷地用文具盒夹住了前面女生的小辫子，女孩疼得大叫起来，老师就严厉地批评了熊熊，并让他向女同学道歉，结果他丝毫没有道歉的意思，只是倔强地看着老师。回家后见到妈妈时，就发生了刚才的一幕，原因就在于孩子之前没有经受过这么“严厉”的批评，现在不能接受这样的现实。

现在的孩子大多总是备受关注，这就造成了孩子的自我优越感和自尊心越来越强，一件不起眼的小事，一句无足轻重的话语，可能就会使得孩子感到莫大的委屈，而伤心不已。现在很多家长对孩子采取赏识教育，什么都是“宝宝真棒！”这种宽泛的夸奖，殊不知这会让孩子盲目自信，听不进半句的批评，有的孩子从幼儿园回来说：“我不去幼儿园了，因为今天老师没有表扬我。”

孩子是一个独立的个体，爸爸妈妈把他带到这个世界上来，永远是一个支持者的角色，无论他遇到什么“委屈”，爸爸妈妈都不能替孩子去做什么，家长应该把心放宽，让孩子去经受挫折，要让孩子在“委屈”中学会成长，当孩子遇到“委屈”时，爸爸妈妈不妨这样做：

一、要让孩子的委屈情绪得到释放，并且提高孩子的心理成熟度

当孩子觉得委屈时，爸爸妈妈要及时了解他们受委屈的原因，让孩子的委屈情绪得到释放，这样有助于孩子形成健康、乐观的人格。之后，再去安慰孩子，设法使孩子的情绪在爆发后能够渐渐平复下来。但是，安抚孩子不应该是无条件地顺从孩子，如果毫无原则地一味迁就孩子，并不能真正解决孩子的问题。

当孩子的情绪平静下来以后，爸爸妈妈可以心平气和地从其他人的角度出发假设几个问题问孩子，引导孩子从他人的角度看问题，孩子在成长过程中难免会遇到这样那样的小委屈，要让孩子在经历这些“委屈”的同时学会合理调节自己的情绪。

二、让孩子接受必要的“委屈”

经历一定的委屈，有利于培养孩子的坚强意志。孩子摔倒了之后让他自己爬起来，这对孩子来说是一个非常重要的磨炼过程，这样既强化了孩子的意志又锻炼了孩子克服困难的能力。

让孩子经历不同阶段的各种“委屈”，对培养孩子能力的作用主要有：

1、**0–1 岁：培养责任感**

让孩子感受到他与其他的家庭成员是平等的，慢慢培养一种家庭责任感。家里如果有什么好吃的、好玩的，家长不妨和宝宝一起来分享，而不是让宝宝独占。

2、**1–3岁：培养自理能力**

当孩子可以站立、行走了，不要总是抱着或者帮他迈步等，动作发展的同时也是心理不断发展完善的过程。孩子在游戏时摔倒了，在确定没有安全危险的情况下，家长要让孩子自己爬起来。

3、**3–5 岁：培养心理独立性**

平时我们总会主动帮助孩子做些事情，然而有些事情是需要孩子独立完成的，此时给予过多帮助的话，会让孩子产生依赖心理。孩子现在上幼儿园了，生活上可以让孩子做一些力所能及的事情，这样有助于培养孩子的独立性。

4、**5-6 岁：培养解决问题的能力**

孩子步入课堂后，除了日常学习，更重要的是要培养他的求知欲，培养他独立思考和解决问题的能力。现在很多孩子即将要上小学了，家长要尝试让孩子做更多的事情，以便他将来适应学校生活。

3 孩子有财商，可重点培养

对孩子进行财商的培养，很多爸爸妈妈还没有像培养孩子智商和情商那样重视，也许与中国的传统观念“君子言义，小人言利”有关，但是现在有太多的“小皇帝”“小公主”过着衣食无忧的生活，却不知财富从何而来。前不久，一家跨国金融组织在国内对 1500 多名中国大学生进行了“理财和信用卡观念调查”，结果显示：有 3% 的大学生把父母当“提款机”。大量事实证明对孩子进行财商的培养，不仅必要而且非常迫切。

对此问题，冉冉妈妈的做法值得一提：

冉冉今年 8 岁了，从小跟着爷爷奶奶生活，老人对冉冉提出的物质要求，基本上是有求必应，爷爷奶奶的溺爱，让冉冉变得简直就是个典型的“小公主”，直到 5 岁时才回到爸爸妈妈身边。在孩子 6 岁时，一天，妈妈带冉冉去超市，冉冉看到了一套价格昂贵的玩具时，对妈妈说：“妈妈，我要这个。”“太贵了”妈妈看了一下上面的价签——1600元，冉冉可不管，硬赖在那里不想走。妈妈心想“女儿这任性、乱花钱的毛病该治治了”。于是妈妈对冉冉说：“如果你现在听话回家的话，改天我们再过来买它。”

女儿很不情愿地回了家。到家后，妈妈对她说：“冉冉，你今年6岁了，是个小大人了，不能像小孩子那样任性了。如果你真想得到那套玩具，妈妈可以告诉你一个方法。”“什么办法呢？”冉冉睁着大眼睛看着妈妈，“你可以自己挣钱来买，爸爸妈妈可以给你提供一个挣钱的办法——你帮爸爸妈妈做家务，爸爸妈妈给你钱，等你的钱攒够了就可以买你喜欢的玩具了。”冉冉听这个办法挺新鲜的就和妈妈达成了协议，第二天妈妈给冉冉买了一个储钱罐，让她开始攒钱。之后，冉冉开始学习扫地、擦桌子、洗碗、擦皮鞋，每天都忙得不亦乐乎，当然妈妈也会付给她相应的工钱，每次冉冉都把妈妈给她的钱全部放进储钱罐，然后美滋滋地数上一番。

最后，冉冉用自己的劳动换来了她喜欢的玩具，自己攒钱买玩具，让冉冉懂得了金钱来之不易，要得到自己想要的东西必须付出劳动，乱花钱的毛病也就不治而愈了。

从此以后，妈妈为了培养冉冉的财商，让冉冉把挣来的钱进行记账，尤其是每次消费都要进行记录，这样更有利于提高冉冉管理钱的能力。妈妈和冉冉最终达成协议：每月除了冉冉的劳动所得外，再给她100元零用钱，用来买学习用品和零食，剩下的可以攒起来，将来买她喜欢的东西。不过，花的钱要用本子记好，更不能透支。

1个月过去了，冉冉主动交出了本子，自豪地说:“妈妈请检查。”练习本1元，自动铅笔1元5角……“妈妈，我想把剩余的钱存起来，因为我想买一个点读机，用来学英语。”“好呀，妈妈为你高兴，我们的冉冉成了理财家了。”孩子开心地笑了，冉冉说以后再也不乱花钱了，还要自己攒钱上大学。

对孩子进行科学的财商培养，首先要了解一下孩子的成长规律，从心理特点和可接受的程度分析。儿童及青少年理财意识的形成和发展一般经历4个阶段：6岁以前的萌芽期；6-12岁的确立期；12-18岁的发展期；18岁以后的升华期。

财商教育应该包括三个基本方面：理财价值观的教育，涉及对金钱、人生意义的正确认识和价值认同；理财基本知识的传授，包括经济金融常识和个人家庭理财技能和技巧；理财基本技能的培养，包括理财情景教育、实际操作训练和理财氛围的营造等。如果把这些观念落实到实际的生活中，具体做法为：

一、定期给孩子零用钱

例如，约定每个月的第一天、或是每周一发一次零用钱，并且告诉孩子在下次发零用钱之前，不可以再要。刚开始时，可以约定七天为一周期，习惯之后，再逐渐把时间拉长为两星期等，而随着孩子的年龄越大，间隔也应越大。

二、培养孩子记账的习惯

刚开始时，爸爸妈妈可以帮助孩子在领到零用钱时，就先把未来一个周期所需要花费的记录下来，额外的支出也要随后记录，培养孩子记账的习惯。几个月后，家长不但可依这份资金流量表，检视孩子的消费倾向，了解他对金钱的价值与感受，万一发现偏差，也可以适时纠正，或是作为奖励孩子节俭的依据。

三、培养储蓄观念

如果让孩子花钱之前想一想，过完这一周期，钱还够不够用，就可以逐渐培养孩子储蓄的习惯。

四、为孩子开独立的银行账户或购买商业保险

当爸爸妈妈到银行办理开户，或是到银行存钱时，也不妨把孩子带上，让他们慢慢学会开户、存款以及提款的流程，并且和孩子一起了解银行定期寄来的定期定额对账单、投资报表等，这样孩子可以亲身感受“复利”的效果，也是激励孩子多储蓄的方法。

五、建立孩子的理财目标

家长可询问孩子储蓄是否要达成何种目标，如：买脚踏车、玩具等，帮助他从每个月的零用钱规划出时间表，估计大约花多少时间可以达到梦想，建立孩子的理财目标及投资观念。

爸爸妈妈应多鼓励孩子节省消费、增加储蓄，从小建立正确使用金钱的好习惯，当然也别忘了以身作则。另外，也不要完全以金钱作为奖赏或惩罚孩子的工具，让孩子自由地应用他的零用钱。久而久之，孩子一定会成为理财高手，无形的“财商”将成为他一辈子的财富。

4 宝宝和他的“宝宝”

现在每个孩子都有很多玩具，当孩子给他的“宝宝”洗澡、穿衣或送“回家”时，您不要认为这仅仅是模仿，这还是孩子责任心和爱心萌芽的体现。不要以为孩子的责任心到一定年龄就会自然地形成，而是需要日积月累地培养，家长千万要抓住生活中的点滴小事，从小为孩子建立责任心。

6岁的岩岩是个可爱的男孩，但自己做错了事情总是把责任推到妈妈身上，比如：岩岩不小心把水洒在了地上，会说是妈妈洒的；如果把饭弄到了桌子上，就埋怨妈妈没有把碗放好；自己玩不好玩具，就怪妈妈不帮他。

妈妈发现岩岩做事情做不长久，一会玩玩具、一会看书、一会又画画。经常是玩完玩具后就随手扔在地上，看过的书到处乱放，等着妈妈来收拾，画画到一半就不想画了，而且妈妈的说教也不起什么作用。

其实，岩岩在2岁的时候不是这个样子的，他很愿意帮妈妈做家务，好像觉得所有别人能做的事情他都可以胜任，而且非常喜欢像爸爸妈妈那样给他的“宝宝”洗澡、穿衣服、打针看病等等事情，有时还要求妈妈和他一起做，但妈妈常常是因为要做其他的事情，中途就退出了。有一次，妈妈拿大拖把拖地，小岩岩也要尝试，在妈妈劝说无效的情况下，岩岩也拿着小笤帚扫地，可是岩岩哪会扫地呢，最后以妈妈的一句“行了，你就别在这捣乱了”结束了岩岩的第一次“做家务”。

其实，孩子在成长过程中会表现主动尝试的愿望，如孩子要求自己吃饭、穿脱衣服、手脏了自己洗、给他的“宝宝”洗澡等等事情，爸爸妈妈要鼓励孩子自己来完成，家长的责任就是密切关注和鼓励宝宝，让宝宝在尝试过程中，增强自信，培养责任意识。我的建议主要有：

一、收拾玩具可培育孩子责任心

面对孩子玩完玩具后的残局，妈妈可以伤心地说：“小玩具，是谁把你丢这儿了，你是不是想回家，我送你回家好吗？”于是把玩具收拾起来，放回原处。孩子开始时会比较好奇，时间长了，他会学着把玩具收好放好。另外，爸爸妈妈也可以采取做游戏的方法来培养和发展孩子的责任心。如，让孩子在故事中或游戏中担任“爸爸”或“妈妈”的角色，并在孩子有了角色意识的基础上，逐步有意识地安排他参加不感兴趣的活动，并鼓励他像“爸爸”或“妈妈”那样去收拾玩具，并坚持做完。让孩子在通过担任的角色中，懂得珍惜、尊重和负责，明白生活中对自己的事情要自己做，自己做的事情要负责的道理。

二、培养孩子的责任心，请谨记三点

1、要坚持正面教育，多鼓励、表扬，少指责、批评。孩子责任感的形成是一个渐进的过程，需要日积月累。孩子毕竟年龄小，好奇心较强，注意力容易分散，这些特点往往会妨碍他把一件事自始至终的完成，而当孩子完成一件事后，爸爸妈妈要给予公正及时的评价。

2、善于将孩子的注意力吸引和转移过来，继续完成他应该完成的任务。爸爸妈妈要鼓励孩子做事情要有始有终。孩子好奇心强，什么都想去摸摸、去试试，但是随意性很强，做事总是虎头蛇尾或有头无尾，所以交给孩子做的事情，哪怕是很小的事情，爸爸妈妈也要检查、督促以及对结果进行评价，以便培养孩子持之以恒，认真负责的好习惯。如说："我相信你会把事情做完做好的"，使孩子相信自己有能力、有责任承担，只要努力去做就能做好，同时要教他今后还应该怎样做就更好，既使他看到自己潜在的能力，又看到不足之处，以利帮助孩子养成积极、认真、严谨的生活、学习习惯，培养孩子对自己言行负责的态度。

3、让孩子信守诺言，家长要为孩子树立良好的榜样。爸爸妈妈无论作出什么许诺，都要尽可能地实现，如果不能实现的话，一定要向孩子说明。告诫孩子不要轻许诺言，一旦许诺，就必须遵守。积极支持孩子参加学校的公益劳动和集体活动，培养孩子对集体的责任心。

责任心的培养，需要家长在孩子不知不觉中潜移默化地进行，爸爸妈妈是孩子的第一任教师，父母对待学习、工作的认真态度、坚持性和责任感将成为孩子良好的学习榜样。

5 "我要和妈妈离婚"

一句"妈妈，我要和你离婚"，表达孩子当时不愿与妈妈合作的心情，不仅是童言无忌，更是反映了很多“小太阳”独有的心理。很多独生子女在家里唯我独尊，生活中不懂得合作和配合，甚至发生与合作伙伴相互攻击等情形。

壮壮今年5岁半了，长得很漂亮，而且个头也比一般小朋友高，无论是动手能力还是语言表达能力都很优秀，深得爸爸妈妈的喜欢。周末，宁宁一家三口到壮壮家来玩，壮壮好不高兴，早早起来就等宁宁来玩。宁宁和壮壮同岁，稍稍比壮壮瘦弱了一点，也很聪明伶俐，爸爸妈妈经常带宁宁到壮壮家来玩，主要是让孩子找个玩伴。

等宁宁来了以后，在大人的提议下，壮壮家和宁宁家要进行一个搭积木比赛，两组的组长分别由壮壮和宁宁担任，比赛的要求是：按照指示图样，用积木搭建“城堡”。刚开始时两组都比较顺利，两个小朋友做总指挥，各自的爸爸妈妈做小朋友的助手，气氛虽然有点严肃和紧张，但还不失轻松，看着自己的作品在一点点地完成，两个小朋友都不时和爸爸妈妈会意地相视一笑。

但是，当“城堡”搭到一半的时候，壮壮一家似乎充满了火药味，“告诉你拿黄色的积木，你偏拿来蓝色的。”壮壮冲着妈妈大声嚷嚷着：“看看，又错了吧！”“对不起，对不起，马上——马上。”妈妈当时也不敢多说什么，赶紧给壮壮找蓝色的积木。壮壮的超大音量，引起宁宁一家人的注意，都朝壮壮这边看了过来，“看什么看！”壮壮更生气了，对妈妈说：“快点吧，他们（指宁宁一组）都快搭完了！”慌忙中，妈妈竟然把已经搭好的一部分“城堡”碰倒了一大半。这下壮壮可急了，扯着嗓门说:“算了，你们都别做了，我自己来。”当时妈妈也没有说什么，剩下的任务基本上都是壮壮一个人完成的。由于只有壮壮一个搭积木，速度明显比宁宁一家慢了很多，结果，宁宁组在规定时间里完成了任务，壮壮带领的小组输了。“都怪你！妈妈，我要和你离婚！”壮壮把积木推倒在地，指着拿错积木的妈妈吼起来，“就怪你！”

看到孩子伤心地哇哇大哭，爸爸走过来，慢条斯理地对壮壮说:“壮壮，我告诉你，这个游戏，需要大家一起来完成，一个人就算再有力量,也不可能比得过3个人的力量大。”接着,爸爸就讲了《一根筷子和10根筷子》的故事，让两个小朋友说说其中的道理。“团结才有力量。”壮壮抢先发表看法，爸爸说:“壮壮说得很对，大家给他鼓掌。”在大家的掌声中，壮壮的表情也有些不好意思了。

现在的孩子，大都是独生子女，在家里没有合作伙伴，如果家长比较溺爱孩子，什么都替孩子做，那么孩子学习与人合作的机会就会非常少，很容易形成自私、固执等不良个性，而这些将成为他们成长的绊脚石，影响孩子一生的发展。那么，如何培养孩子的团队合作精神呢？以下几点供您借鉴：

一、在游戏中培养

游戏是孩子学习的重要课目，孩子喜欢做游戏，爸爸妈妈不妨在这些游戏中，加入社会模仿的因素，让孩子在游戏中完成自我教育。游戏的过程要给孩子们一个信号，要想胜利就要通力合作，从而增强孩子的责任感，培养他们的团队合作精神，游戏后，爸爸妈妈要给孩子进行评点，让孩子自己意识到团队合作的重要性，比如，准备一个大纸箱子，两根木杆，把两根木杆上搭一块薄板，做成一个架子，然后把大纸箱放在架子上，让孩子体验一下是一个人容易把箱子搬走，还是两个人更容易。

二、在生活中培养

爸爸妈妈也应该在日常生活中注意培养孩子的团队合作精神，给孩子创造一个团结合作的良好家庭气氛。爸爸妈妈平时应注意与周围人之间的关系处理要得当、合理，对别人要热情、平等、有礼貌，孩子也会以爸爸妈妈为楷模，逐步养成尊重别人、爱护别人的良好品德。另外，在日常生活中，您可以和孩子交换角色，让孩子分担一些家务，让孩子体现自己的价值，同时让孩子明白，无论是做家务还是其他活动，团队中的每一个人都是重要的。

三、在集体活动中培养

要教育孩子在平等的原则上为人处事，告诉孩子不管对谁都应树立平等的观念。特别是要教育孩子严以律己、宽厚待人、尊重他人，不轻易地怀疑、怨恨、敌视他人。多让孩子参加集体活动，对于一些“以我为中心”的孩子，开始在集体活动中很难与同龄伙伴和睦相处，只有碰了几次钉子以后，才会意识到在集体活动中一定要想到他人，让孩子在活动中获得与他人相处的经验。

与人合作贯穿一生，所以培养孩子的合作精神非常重要，孩子从小在家庭中所受的影响，都会渗透到他们的性格中去，长大成人后带着这些走向社会。一个懂得合作精神的孩子将来会很快适应工作岗位的集体操作，并发挥积极作用；而不懂合作的孩子在生活中会遇到许多麻烦，当面对困难时，往往也是无所适从。

6 思维能力决定一切

思维是人的大脑对客观事物进行间接和概括的反映，是人类的高级心理活动，思维的基本形式是智力操作的基本形式。思维的过程就是对我们所看到、听到的事物进行分析、综合、抽象、概括、比较等过程，它贯穿了人们生活的方方面面，决定了我们的学习、工作、生活能力的强弱。人们的思维能力并不是生下来就有的，而是后天慢慢培养形成的，因此，从小培养孩子的思维能力至关重要。

“你怎么这么不爱动脑筋，自己为什么不好好想想呢？”妈妈对刚上一年级的成成生气地说，“我再也不会给你现成的答案了，你好好想想吧。”妈妈的生气就缘于成成的一道数学题：有1只大盒子，内有3只小盒子，每只小盒子里又有4只小盒子，那么，连大带小一共有几只盒子？成成算了两遍都算错了，总是顾此失彼，想到了这个又忘了那个，不能一步步考虑题目的结构，作出正确的计算。以前成成做过类似的题目，妈妈已经告诉过他了，现在又遇到这样的题目时，还是做错了。

妈妈还发现，成成不仅对应用题的理解有些困难，不会举一反三，而且语言概括能力也不行，每天在放学回家的路上，妈妈问：“成成，今天在学校上了什么课呢？中午吃的什么饭呢？”成成的回答就像流水账，什么“学了1、2、3”“学了a、o、e……”等等，不像玲玲的回答“今天学了语文、数学……”有概括性。

其实这些都和孩子的思维能力有关，包括我们在生活中经常会遇到一些正在上中学的孩子，有的理科成绩好一些，而有的要差一些。那是因为化学中的化合与分解、数学的微分与积分以及物理的原子与能量等都需要分析综合能力，如果孩子的思维能力跟不上，就会影响孩子将来的学习，因此我们要在孩子小的时候就去有意识地进行培养。

我们要了解儿童思维的发展规律，孩子思维的发展分为三个阶段：动作思维阶段、具体形象思维阶段和抽象逻辑思维阶段。具体情况如下：

一、3岁以前的孩子都是以动作思维为主，思维在动作中进行

孩子最初的动作往往是杂乱无章、漫无目的的，以后在不断地操作过程中了解了动作与结果之间的关系。例如，孩子拍球时，开始是乱拍，不了解自己的动作与球弹跳的关系，经过学习和训练，他逐渐理解了其中的关系，学会了正确地拍球动作。在这一时期，对孩子的动作、运动训练很重要，例如，训练孩子的爬行、滚翻、蹦跳、跳绳、拍球等平衡协调能力，以及捏橡皮泥、摆积木等活动，都有助于孩子的思维发展。相反，限制孩子的活动，只让孩子看电视、玩电动玩具、游戏机则会影响孩子的思维发展。

二、3-6岁的孩子具体形象思维占优势

这时的孩子对猫的理解就是有4条腿，1根尾巴，身上有毛；在做计算时用实际生活中的用品来举例(如苹果),就容易理解。在这个阶段,家长要注意增加孩子的经验,丰富孩子的词汇,多给孩子动手的机会。比如,孩子见过了很多种动物,就会逐渐理解“动物”的概念;在将“水果”的概念灌输给孩子时,要让孩子理解水果包括苹果、香蕉、梨等;让孩子在拆装玩具或积木时,理解平面与立体的关系;和孩子玩图片分类、比较的游戏,让孩子学会从具体中归纳和抽象;利用孩子的好奇心,经常向他们提出各种各样的问题,引导他们去观察事物和现象,等等。

幼儿园里有些小朋友可以把正方形用几种不同的方法分解成几组不同的形状,这就是运用的分析能力。而他们把零散的积木块搭建成房屋、桥梁等,这就是运用的综合能力。我们可以让孩子在幼儿时期多玩一些建构类的游戏,可以开发孩子的分析综合能力,也同时可以拓展创造性思维。有些家长和老师片面地、刻板地教孩子多识字、写字、计算等,对孩子的思维发展并没有好处。

三、6-11岁是培养孩子抽象逻辑思维能力的关键时期

在这一时期要培养孩子正确的思维程序和科学的思维方法。孩子的思维能力是逐步发展起来的,抽象逻辑思维能力是在动作思维和形象思维的基础上发展起来的,对孩子早期思维能力的培养和训练非常重要,如果早期训练不足,后期还需要科学地强化弥补。所以,对那些早期运动不足的孩子要训练他们的知觉、动作综合能力,以促进他们的心理发展。

第七部分 如何听孩子才会说
如何说孩子才会听

您和孩子一起用餐或者玩游戏时，是否注意到孩子的说话内容？当他们要表达自己的心情时，您是否在耐心地倾听？当孩子有反面意见时，是否觉得只要孩子听我们的就足够？在日常生活中，也许我们每天都要忙于工作和家务，可是当孩子想对您倾诉时，请您一定要坐下来，做一个忠实的听众。

1 做孩子忠实的听众

您和孩子一起用餐或者玩游戏时，是否注意到孩子的说话内容？当他们要表达自己的心情时，您是否在耐心地倾听？当孩子有反面意见时，是否觉得只要孩子听家长的就足够？在日常生活中，也许您每天都要忙于工作和家务，可是当孩子想对你倾诉时，请您一定要坐下来，做一个忠实的听众。

6岁的淘淘平时说话时嗓门特别大，讲话总是吵吵嚷嚷，让爸爸妈妈很头疼，“爸爸妈妈，你们听见我说的了吗？你们不听，我不说了！”淘淘在说话的时候必须有人听着，如果他说话没有人回答或关注，就会非常不高兴，甚至会拽爸爸妈妈的衣服以引起对他的注意。

淘淘是个性格开朗的孩子，每天从学校放学回家后，都会把学校发生的趣事说给爸爸妈妈听，可淘淘的爸爸对孩子的学习抓得特别紧，他觉得孩子说这些话都没用，简直是浪费时间，因此每当淘淘给爸爸讲学校里发生的事情时，爸爸总是会打断他：“整天只会说这些，对学习有用吗？最近考试得了多少分？你把这心思放在学习上多好，快去做作业！”一次淘淘说班里发生的一件事，正说得兴高采烈时，爸爸说：“说了你多少次了，让你别说这些废话，你还说，再记不住，看我不打你！”淘淘的话还没有说完就被爸爸给顶了回去。

“这孩子总是嚷嚷，不怎么爱听别人讲话”这是淘淘妈妈对孩子的评价，“你也学着听听别人怎么说，别老吵吵着让别人听你的。”爸爸妈妈虽然已经发现了淘淘的一些不好的习惯，但是不知道如何下手。

其实，当家长的心思放在了想了解孩子的角度，并想帮孩子解决问题时，就会发现孩子的行为都是有原因的。我们都知道要和孩子平等相处的道理，但是在实际生活中，能够做到这一点并非容易。爸爸妈妈也经常说要把孩子当成一个独立的个体，可是孩子在我们的心目中是否真的“独立”？比如：让孩子什么时候睡觉、起床、弹钢琴……一天吃几个鸡蛋、喝几杯牛奶等问题，我们是否倾听过孩子的想法。

在身份上，爸爸妈妈是孩子的长辈，但是在人格上家长和孩子是平等的，所以家长需要给孩子更多的爱、更多的理解、更大的支持、更宽的包容，要与孩子达到心灵方面的沟通，就得知道如何做一个“会听”的家长。家长倾听孩子说话不仅是一门艺术，更是一门学问，能使孩子从小学会以平等与尊重的心态与人建立关系，让孩子觉得自己很重要，说出的话爸爸妈妈很感兴趣，这样有利于使孩子学会独立思考，学会如何表达自己，更让孩子学会怎样去倾听。所以，要想培养一个听你话的孩子，家长首先要学会倾听，听是家长与孩子进行有效沟通的桥梁，更是了解孩子内心世界的前提，当孩子向您倾诉时，爸爸妈妈要尽量做到以下几点：

一、家长要建立与孩子平等的心理

爸爸妈妈在心理上要和孩子平视，不能居高临下，同时，对孩子的话爸爸妈妈要认真地听，同时将您专注倾听的态度传达给孩子，时而微笑、时而吃惊，不要对孩子的话题表现出不感兴趣的表情，在满足孩子被倾听欲的同时，孩子的说话也会变得更平和，有利于孩子学会自如地表达。

二、要及时地做出回应

孩子在讲话中，爸爸妈妈要不时地回应孩子的讲话，和孩子进行有效的互动，不能以“我早就知道了”之类的话，来打击孩子的倾诉欲。当孩子说到讲话内容的关键时刻，家长要表现出对话题的兴趣，可以用“后来呢？”“太好了！”“真是这样吗？”“你的想法和我的一样！”“请继续说，我简直不敢相信！”等等话来对孩子的话进行回应。

三、要善于给孩子提供倾诉的机会

和孩子在一起玩游戏时，可以让孩子来发表一下自己对游戏有什么新的玩法,有什么好的意见或建议。孩子从幼儿园或学校回来，让孩子复述一下一天都发生了什么事情，不管是高兴的还是不愉快的，让孩子的情绪得到有效的宣泄，这对孩子的心理健康非常有益。

所以，不管孩子的话题你多么不感兴趣，都要认真地倾听孩子的诉说，做孩子忠实的听众，慢慢地孩子也会做您忠实的听众。

2 为什么妈妈爱用宝宝的声调说话

很多爸爸妈妈跟小宝宝说话时，会不由自主地学着孩子的语调，把一些单音重复起来，比如：举高高、吃饭饭、擦香香等，也就是我们大家常说的“儿语”。

明明现在快1岁半了，咿咿呀呀地开始学说话了，看到小狗时会说“汪汪”，如果妈妈问“汪汪”呢？小明明也会指给妈妈看，妈妈喜欢用儿语和孩子说话，觉得这样可以让孩子更容易听懂，而且好学。

周末，妈妈打算带明明去公园，“来，宝宝，看看妈妈都带什么了，有饼饼、水水、桔桔。”明明是看在眼里，记在心上，明明也快速地重复了一遍妈妈的话。“好了，走了，我们坐爸爸的车车去公园了。”

孩子在学习语言的过程，有其自身的阶段性。通常情况下，宝宝在1岁到1岁半，属于单字语阶段，他们已由不知意思的发音，渐渐发展到说出有意思的话来。孩子对自己身边的事很感兴趣，他会逐一地学习发音，慢慢地掌握一定量的常用词汇，然后把它们记下来，通过自己练习发音，掌握后将来用此与人进行交流，如“妈妈”“嘟嘟”“球球”等。这时孩子所说出的多是重叠的名词，并且有多重的意思，如“水水”可能是“宝宝要喝水”“杯子里有水”，或“用水干些什么事”等；有时是以“声音”的特征来特指某一事物，如“嘟嘟”可以象征“这是车车”“车车来了”“我要车车”等意思，成人只有在具体情景下才能理解。孩子虽然还不能像爸爸妈妈那样去表达，但对成人说的话，大部分能理解，只要说“拿车车来”，他就能将玩具车拿来。

宝宝到了 1 岁半到 2 岁时，会出现双字语句和多词句，除了名词外，也有形容词和动词，如“灯灯、亮亮”，“车车、开开”，他们的语言不只是发音，而是在模仿成人的基础上学习词的意思。当然，孩子的语言组织能力还不够有条理。

因此，从孩子的语言发展过程和语言发展规律来看，爸爸妈妈在和孩子进行交流时，应注意以下几点：

一、您可以跟1岁的孩子说儿语

在 1-2 岁的时期，爸爸妈妈也可以用一些儿语，也可以将成人经常使用的复杂句子进行拆分，使用孩子更容易接受的表达方式和孩子进行交流，这样孩子更容易理解家长的话。同时可以给孩子一种受尊重的感觉，让孩子觉得爸爸妈妈和自己是平等的，有利于培养宝宝的自信。但这并不说明，孩子现在完全听不懂家长正常化的语言表达。

二、你别再跟2岁的孩子说儿语

当孩子从2岁开始学习用比较复杂的句子表达想法时，爸爸妈妈最好使用比较规范的语言，给予孩子更好的语言学习环境。妈妈大量地使用“儿语”，让孩子接触正规词语的机会相对减少，影响孩子对正规词汇的学习和掌握。因为这时孩子仍然说“儿语”主要是受发育水平的限制，还不能很好地使用语言，并非大人认为的听不懂规范的语言。所以，在孩子学语言的关键期，一定要让孩子学习规范的语言，如果孩子积累了大量的“儿语”，等孩子长大后再进行改正就费力和费时了。

三、您要跟2岁半以上的孩子说规范语言

当孩子长到2岁以后，爸爸妈妈和孩子交流时，要逐渐使用规范语言，而且还要注意培养孩子规范的语法，不仅有利于孩子的语言发展，还有利于孩子的认知发展，比如“因为……所以……”“虽然……但是……”这样的句子中含有一定的逻辑意义，规范的语言环境，对宝宝的认知水平有潜移默化的影响。

语言是一种沟通工具，口齿清晰、表达清楚的孩子才能与人很好地进行交往。爸爸妈妈是孩子的模仿对象，只有自然的、规范的对话才能给孩子良好的示范。

3 不要吝啬赞美之词

赞美，不仅是和孩子沟通的润滑剂，更是一种有效的教育手段。当孩子取得进步时，恰当地赞美会给孩子力量，有助于孩子潜能的发挥；当孩子失落时，及时的赞美会让孩子重拾信心；想让孩子停止他们的“捣乱”行为时，一句“宝宝最乖，第一个不闹了”的赞美，也许比斥责更管用。

萌萌今天特别不高兴，因为她的语文考试才得了85分，班里有很多同学不是得了100分就是得90多分。刚刚上一年级的萌萌，对那些奇形怪状的汉语拼音有点吃不消，如果让萌萌拼读单个字母也没问题，可要把单个的字母连起来进行拼读就老是拼错，这令追求完美的萌萌非常苦恼。看到其他的同学能顺利地拼读，心里就更着急了，因为她没有上过学前班，第一次接触汉语拼音，在那些上过学前班的孩子面前，确实有些压力，尤其是这次考试萌萌又才得了85分，对萌萌学习语文的信心是个不小的打击。“妈妈，我是不是太笨了？我怎么老是学不会呀！我都不喜欢上语文课了。”萌萌皱着小眉头对妈妈说。“来，萌萌给妈妈说说，你哪不会？”“我不会拼。”妈妈看了看孩子的考试卷子，发现了孩子不懂的地方，耐心地说：“萌萌，你不笨呀，你看你做对了这么多呢。”妈妈就把试卷拿来，和萌萌一起复习，先从萌萌会的地方开始，当萌萌回答对一个，妈妈就会随口说出“真聪明！”“真不错，上学这么几天就会这么多了。”“真棒呀！”渐渐的萌萌的小脸上也露出了自信的笑容，孩子学习的兴致也浓了起来，然后妈妈就一点点地教萌萌练习拼读，当孩子掌握了要领，再经过反复的练习，很自然地就学会了。

这天，妈妈发现女儿和以前不太一样，显得很高兴。“妈妈，我考了100分！”放学一回家，萌萌就把这个好消息迫不及待地告诉了妈妈，并且一边说一边从书包里拿出了试卷给妈妈看。妈妈走过去，详细地看了看，然后摸着萌萌的头说：“女儿，你真棒。”“妈妈，我下次还要考100！”萌萌激动地说。“考100分不是最重要的，我们的萌萌学会了才是最重要的，你这么聪明，要相信自己的能力，只要你认真地学习，一定会有收获的。”说完，妈妈欣慰地笑了。

赞美和鼓励的话语可以培养孩子自信心，是帮助他们取得进步和成功的首要环节。爸爸妈妈一句鼓励的话，一个肯定的微笑，都会让孩子感到被认可的满足，体验到成功的快乐。即使孩子表现中有太多的“不满意”，也有他的“闪光点”，家长要相信自己的孩子，在生活中细心观察，看到他们的长处和优势，每当孩子取得一个小小的进步时，爸爸妈妈就应不失时机地给予鼓励和表扬，激发他们的上进心和自信心，使孩子坚信自己能做得更好。学会对孩子进行赞美，是每一个家长的必修课。我给您的建议如下：

一、挖掘孩子的可“赞美”之处

每个孩子都有自己的长处，只有爸爸妈妈用心观察，每个孩子都有可赞美之处。爸爸妈妈在生活中要善于发现孩子的每一个微小进步，并且不失时机地给予表扬和赞美。不要担心孩子得到了赞美会骄傲，只要您的赞美合理得当，也许孩子的小进步通过赞美就会变成大进步。

二、让“赞美”来增加孩子的自信

很多孩子存在着缺乏信心、自卑等不良的心理情绪，这对孩子的成长是极为不利的。爸爸妈妈要找出孩子的优点及时给予鼓励，鼓励的话语不仅仅是一般孩子需要的，再优秀的孩子也同样需要，即使是天才也需要从自己的成果中获取进一步发展的动力。如果孩子的进步得不到父母的承认，孩子对自己的评价就会偏低。

三、化“指责”为“赞美”收获奇迹

对孩子要多一些赞美，少一些指责。爸爸妈妈对孩子的评价过低，忽略孩子的努力过程，一味地重视结果，只要孩子达不到要求就横加指责，这样只会挫伤孩子的自尊心和自信心，影响孩子的学习。

总之，爸爸妈妈不要吝啬对孩子进行赞美，更要巧妙地使用“赞美”，需要注意的是，赞美应该是建设性的，而不是简单的评价。

4 宝宝也是很要面子的

爸爸妈妈不要以为孩子年龄小，而忽视了他们的“面子”问题，两三岁的孩子其实就懂得了“爱面子”，这是一种健康而正常的心态，它意味着孩子有了自尊心和自我意识，这对于孩子健全人格的发展特别重要。

星期天，妈妈带松松去找兵兵玩，两个孩子在客厅里玩“开火车”。兵兵对玩具火车的性能比较熟悉，所以兵兵操控的火车很快就开动了，而松松是第一次玩，火车不爱听他的“指挥”，急得松松叫妈妈，“妈妈，你来呀，我的火车不动呀！”妈妈过来帮松松把火车“发动”了，可是没过一会，松松又在叫，“妈妈，我的火车又不动了。”妈妈又来帮松松，“看你这笨劲儿，这么简单也不会，你看兵兵玩得多好。”妈妈刚说完，松松顿时把玩具一扔，“我不玩了！呜……”哭了起来。

“你这孩子怎么这么没有耐心呢？”妈妈一生气就把松松在家里的糗事也说了出来，“看看你，都快3岁了，晚上还尿床，每次都把床尿湿一大片，害得我还得洗床单。”松松听到妈妈说这些，哭得更厉害了，表现出非常愤怒的表情，“不许说！不许说！”一边哭一边用力地推打妈妈。

这位妈妈的做法非常不妥，诸如“你真笨”或“这么大了还尿床”

之类的话，是最伤孩子自尊的，尤其是当着别人的面。像尿床这类事，属于“难言之隐”，是最典型的刺激自尊心的事件之一。虽然小孩子大都因为大脑负责控制排尿的神经尚未发育完全，有尿床的情况发生，而随着年龄的增长自然就会消失，算不了什么大毛病，但对于孩子来说，被别人知道尿床，会给他们带来很多的心理负担，严重的还会令孩子产生自卑心理，觉得在他人面前抬不起头来，以致影响孩子和小朋友交往。

“爱面子”是一种非常珍贵的性格元素，爸爸妈妈应该特别小心翼翼地保护孩子的“面子”，因为这对培养孩子的自信心有很大帮助，由于孩子与生俱来的对于爱的需要，他会特别关注爸爸妈妈对自己的评价，所以会给孩子“留面子”的爸爸妈妈，是明智的家长。以下几点供您参考：

一、不要当众批评孩子

在生活中，爸爸妈妈不正当的教育观念和教育方法，会有意无意地伤害了孩子的自尊心。如当着同学的面数落孩子“没有某某聪明”“脑子笨”；凭借爸爸妈妈的权威，强迫孩子按成人的意图行事，甚至打骂孩子，这都会在孩子幼小的心灵中留下永久的痕迹，成为许多心理问题的诱发因子。

二、不要当众“揭短”

每个人都有自己的隐私，我们不能随便把孩子的隐私公布于众。

比如，发现宝宝尿床了，看到他不好意思的表情，妈妈不妨悄悄地对他说："没关系，我们先换换裤子，再把被子晾一晾就没事了，以后有尿最好能叫妈妈，或者自己上厕所。"爸爸妈妈的态度越轻描淡写，孩子的心理就能越放松，尿床的情况好转得就会越快，重要的是孩子自尊心也得到了维护。

孩子快乐幸福的生活和学习是每一个爸爸妈妈的心愿，培养孩子的自信、自尊、自立的前提和基础，让孩子拥有健康美好的心灵，保护好孩子的自信心就要懂得给孩子留足"面子"。

5 你会和孩子交朋友吗

爸爸妈妈学会跟孩子做朋友，不仅仅是能更方便地了解孩子的情况，便于家长对孩子进行有效地教育，更重要的是，家长在心态上和孩子建立一种平等的、朋友般的关系，让孩子感到被尊重，有利于孩子心理的健康发展。

珍珍今年上一年级，从小一直跟姥姥姥爷生活，现在上小学了才回到爸爸妈妈身边。最近老师反映，上课时同学们都积极举手发言，而珍珍知道答案也不敢举手，老师叫到她发言时，她的声音也特别小。一次老师开玩笑地说："珍珍，老师给你买个话筒吧。"珍珍不仅在课堂上如此，平常生活中说话，她也不敢大声，课余时间也不敢与小伙伴们一起玩耍，下课了也坐在座位上。

珍珍的爸爸妈妈了解到这一情况后，并没有因为孩子胆小而责怪她。他们就经常主动要求和珍珍一起玩耍、做游戏，鼓励珍珍大声说出自己的想法，用各种方式激发孩子去做一些以前不敢做的事情，爸爸妈妈和珍珍这种朋友般的关系，让珍珍胆小的情况有了很大的改善，自信心也慢慢地建立起来了，说话声音慢慢地变大了。

珍珍非常喜欢玩电脑，放学回家后，只要珍珍一有时间，就趴在电脑前摆弄，作业有时都忘了写。有一天，珍珍的妈妈听同事说很多孩子玩电脑游戏上瘾，她意识到珍珍有可能也天天在玩游戏，就回家留心看个究竟。

这天珍珍正在玩电脑时，妈妈走了过去，珍珍一见妈妈来了，就急着去关电脑，妈妈忙制止道："珍珍，别关，妈妈也想学学呢。"珍珍停下手，有些诧异地问："妈妈，你要学什么？"妈妈笑着说："把你会的都教给我啊。"她看着屏幕上还没来得及关的游戏说："就教我这个吧。"珍珍来了精神，开始教妈妈如何操作。

妈妈很快学会了，同珍珍一起闯了两关后，她温和地对珍珍说："孩子，我知道游戏很好玩，但每个人都有自己的任务，你的任务就是好好学习，周末有时间时，咱俩再一起玩游戏吧。"珍珍点点头，关了电脑写作业去了，以后也很少占用学习的时间去玩电脑游戏了。珍珍在这种平等的家庭氛围中，做事畏缩的缺点也慢慢得到了改善。

和谐民主的家庭氛围是培养聪明、懂事、心理健康孩子的土壤，爸爸妈妈和孩子建立朋友般的亲情关系是首要前提，和孩子做朋友，可以从以下几个方面入手：

一、在心态上要和孩子平等

爸爸妈妈要和孩子做朋友，首先从心理上要建立平等的关系。因为不管孩子多么小，也是一个独立的有自己思想的个体，不能随意把我们的思想强加给孩子，更不能当孩子的行为不符合我们的要求时，就打骂孩子；其次，爸爸妈妈要多和孩子交流沟通，家长不管多忙，都要尽量抽出一定的时间和孩子聊聊天，听听孩子的倾诉，帮孩子分析分析疑惑。

二、和孩子一起游戏

家长要与孩子做朋友，就应该放下架子，参与到孩子的活动当中。爸爸妈妈和孩子一起做游戏是创造与孩子交流机会的最好方式，也是让孩子接受自己教育的最好通道，可以通过和孩子一起画画、听音乐、做家务等形式，更多地接触孩子，也便于爸爸妈妈和孩子做朋友。因为爸爸妈妈融入到孩子的活动之中，孩子就会容易把爸爸妈妈看作自己的朋友，这样孩子与家长就会产生共鸣，家长对孩子的教育就会收到较好的效果。同时，爸爸妈妈把自己当作孩子的朋友、做孩子的玩伴，以孩子的眼光看问题，理解孩子的行为。另外父母也给孩子做个“小大人”的机会，可请孩子一起参与家庭大事的决策，充分体现平等。

三、避免用负面意义的说话语气

爸爸妈妈和孩子在一起时，不能用“我命令你……”“我警告你……”“你最好赶快……”“限你在五秒钟内……”“我数到一、二、三……否则……”“你应该……”“你真笨”“你好坏”“你太让我失望了”“不可以……”等带有指挥、命令、警告、威胁、责备、谩骂、拒绝等负面意义的说话语气。

第八部分 宠爱有度 溺爱有毒

“溺”，词典上解释为“淹没”的意思，爸爸妈妈给孩子过多的爱，称之为“溺爱”。为什么爸爸妈妈对孩子那“毋庸置疑”的爱，有时竟被打上了问号？我们都知道溺爱会对孩子造成伤害，可有时会分不清“溺爱”是什么，更不了解自己家里就存在溺爱，因为溺爱往往披着爱的外衣。

1 别说你不溺爱孩子

“溺”，词典上解释为“淹没”的意思，爸爸妈妈给孩子过多的爱，称之为“溺爱”。我们在反对溺爱的同时，又在不知不觉中对孩子进行溺爱，我们都知道溺爱会对孩子造成伤害，但有时会分不清“溺爱”是什么，更不了解自己家里就存在溺爱。

别看美美现在才5岁，非常能熬夜，不到晚上10点钟是不睡觉的。孩子睡得晚，自然早上起得也晚，妈妈着急去上班，多半都是帮孩子把衣服穿好，有时候刷牙洗脸都是妈妈代劳。美美虽然年龄小，在家里的地位可不低，但凡家里有什么好吃的，爷爷奶奶、爸爸妈妈都舍不得吃，一定要留着美美吃。餐桌上，主角当然是美美了，因为孩子长身体需要充足的营养，看到自己喜欢的菜，美美会毫不客气地说：“这个菜是我的，你们不许吃。”妈妈一边把美美“钦点”的菜拿到了美美这边，一边说：“好了，我们都不吃了。”接着，爸爸左一句“美美吃鸡腿”，妈妈右一句“美美大口吃米饭”，一会儿不是奶奶喂几口饭，就是爷爷给夹菜，美美简直是全家人的焦点。

如果出去买东西，大人们对孩子的要求更是有求必应。“美美，喜欢什么就拿什么，爷爷给你付账。”用爷爷的话说，就这么一个孙女，现在条件好了，还不满足她？“我就喜欢让美美依赖我，做爷爷的小尾巴。”

在全家人的关怀下，美美过着饭来张口、衣来伸手的生活，但家长换来的却是脾气越来越大、动不动就大发雷霆的“骄横小公主”。有一次，奶奶过生日，妈妈买来了生日蛋糕为奶奶祝寿，美美听说买了生日蛋糕特别高兴，嚷嚷着非要马上就吃。妈妈对美美说：“今天什么时候吃蛋糕，需要奶奶来决定，因为今天是奶奶的生日。”“凭什么，我说吃就得吃！”美美又开始了她的霸道，“今天不是奶奶过生日，是我过生日呢。”说完就用手去搬放在桌上的蛋糕，因为蛋糕太沉了，一不小心整个蛋糕掉在了地上。奶奶无奈地说：“奶奶爱你一年，你就不能爱奶奶一天吗？”现在家人经常抱怨，“全家人对孩子这么好，她现在这么不懂事，都是从哪学来的呀？”

每个孩子生下来都是好孩子，将来“懂事”与否，都缘于家长后天对其的培养和教育。爱孩子是家长的天性，但一定不能溺爱孩子，可是溺爱往往被掩盖在爱的名义下，不容易被我们察觉，无形中伤害了我们的孩子，所以我们可以把“溺爱”量化为一个个指标，来帮助我们去辨认和衡量。主要总结为以下10点：

一、特殊地位

孩子是家里的“小皇帝”或“小公主”，地位高人一等，凡是“好吃的、好喝的”都要以孩子为主，爸爸妈妈千方百计讨好孩子，爱孩子胜过爱自己。这样家庭中的孩子，自己也感到家里所有好的东西都应该是自己的，唯我独尊，必然也就变得自私自利、没有同情心，也不会关心别人，更不懂得感恩。

二、太多关注

一家人都围着孩子转，爸爸妈妈以孩子为中心忙个没完，比如吃饭时全家人注意力都集中在孩子身上——爸爸给夹菜、妈妈给添饭，谈论的话题也都是围绕孩子的。如果家里有客人来，往往也是大家围坐一起，亲戚朋友逗引没完，或者一再欢迎孩子表演节目，掌声不断。由于大人的过分关注，孩子注意力极其分散，“人来疯”也特别严重，甚至客人来了闹得没法谈话。

三、有求必应

孩子要什么就给什么。爸爸妈妈对孩子的要求有求必应，有的爸爸妈妈还给孩子很多零花钱，轻易满足孩子的要求。这种孩子一般都具有不珍惜爸爸妈妈的劳动成果、只讲求自己的享受、不懂得等待，没有忍耐力、稍不满意就大发脾气等不良性格和行为，吃苦耐劳、责任心更是无从谈起。

四、放任自由

家长对孩子缺乏必要的管教、放任自流，孩子的行为得不到有效节制。生活作息、饮食无规律，玩耍学习无规律，孩子经常是要怎样就怎样——睡懒觉、不吃饭、白天游游荡荡、晚上看电视到深夜等。这样的孩子长大后缺乏上进心、好奇心，做人得过且过，做事心猿意马，有始无终。

五、祈求央告

家长对孩子不敢于管教，只是一味地讨好，例如边哄边求孩子吃饭睡觉，答应给孩子讲3个故事才把饭吃完。孩子的心理是，你越央求他他越忸怩作态，不但不能明辨是非，培养不出责任心和落落大方的性格，而且教育的威信也丧失殆尽。

六、一切代劳

家长事事为孩子代劳，孩子过着“饭来张口、衣来伸手”的生活。在这种家庭里的孩子，独立能力差，自己不会穿衣、吃饭、削铅笔，学习困难，更不懂得为家长分担家务。孩子必然变得懒惰、任性、没有同情心。

七、大惊小怪

孩子在成长过程中会遇到很多挫折，比如摔倒了，有的爸爸妈妈见不得孩子有一丁点的闪失，还没等孩子爬起来，自己就大惊小怪地去扶孩子，家长的这种态度，久而久之也就会让孩子变得胆小、怯懦，遇到问题不会独立思考，更不会对困难有正确的认识，娇生惯养，只会等待别人的帮助。

八、剥夺独立

爸爸妈妈对孩子真是“捧在手里怕掉了、含在嘴里怕化了”，为了绝对安全，家长不让孩子走出家门，也不许他和别的小朋友玩。更有甚者，有的孩子成了“小尾巴”，时刻不能离开爸爸妈妈或老人一步，搂抱着睡，偎依着坐，驮在背上走。这样的孩子会变得胆小无能，丧失自信，没有什么大出息。

九、害怕哭闹

爸爸妈妈见不得孩子哭，只要孩子一哭闹，家长立马就心软，所有的规章制度也立即失效，比如本来说好不让孩子吃零食，可是孩子一哭一闹，家长就缴械投降，孩子经常以哭闹为武器，并且屡试不爽。由于家长从小迁就孩子，孩子在不顺心时以哭闹、不吃饭来要挟家长。这种家庭中的孩子往往没有自制力、自私任性、不会从别人的角度考虑问题。

十、态度不一

有时爸爸管孩子，妈妈护着：“行了，你就别说了，他还小呢。”有的爸爸妈妈教育孩子，奶奶会站出来说话：“你们不能要求太急，孩子都这样，他大了自然会好。你们小的时候，还远远没有他好呢！”这样的孩子当然是“教不了”啦！因为孩子没有是非观念，而且时时有“保护伞”和“避难所”，其后果不仅孩子性格扭曲，有时还会造成家庭不和睦。

以上10种溺爱的形式是比较典型的，不是每个家庭全部都有的，有些家庭在各种溺爱中会占有几种或各种都有但只是轻度表现。不管怎样，我们要知道，孩子一旦因溺爱而形成的种种不良行为和心理，纠正起来非常困难，所以，学会辨别“溺爱”，在实际生活中进行有效地避免，给孩子科学合理的爱，让孩子的身心得以健康发展，才是真正的爱孩子。

2 这不是爱，这是害

“虎毒不食子”，天下没有不爱自己儿女的父母，爸爸妈妈对孩子那“毋庸置疑”的爱，有时竟被打上了“问号”，因为有的举动是披着“爱”的外衣在害孩子，而溺爱就是其中的一种。

一位高中生，家中的独子，从小到大，爸爸妈妈在生活上对孩子是有求必应，呵护有加。孩子在学校的衣服，都是由妈妈亲自去学校洗，孩子吃不惯学校的饭菜，妈妈就换了工作，搬到学校附近住，为的是可以给孩子做饭。凡是和学校沟通的事情，都是由妈妈去做，妈妈对孩子唯一的要求就是，好好学习文化课，考个好成绩，将来能上大学。

但是孩子却在除夕之夜割腕自杀，在给妈妈的留言信中说，“妈妈，我该怎么办呢？因为我喜欢她，我想拥有她，可是她却拒绝了我！没有人能救我，得不到她我真的不能活了。”原来，这个男孩喜欢班上了一位女同学，当女同学拒绝他后，因无法接受这个现实而选择了自杀。得知此事，妈妈近乎晕倒。妈妈说，孩子出生以来妈妈都对他百依百顺，长这么大连双袜子都没洗过。在他的字典里，只有他拒绝别人，没有别人拒绝他。

很显然，孩子对爸爸妈妈的依赖性太强了，没有自己处理问题的能力，独立性很差。孩子从小到大，妈妈在物质上对他照顾得无微不至，这样也养成了孩子要什么就得有什么的心理，如果得不到就会有很大的挫折感，而且别看孩子在家脾气挺大，在外边却不懂得与人交往，没有知心朋友，心理的苦闷没有地方可以倾诉，这就加重了心理负担，面对困难不知道如何去克服，而且从来没有考虑过别人的意见，不会从别人的角度想问题。在及时抢救下，孩子脱离了危险，紧接着妈妈又去找女孩，给女孩下跪求人家答应自己的孩子。

大教育家高尔基说过：“溺爱是误入孩子口中的毒药。”那位高中生，过惯了有求必应的“皇帝”式的生活，他们不知道生活的艰辛与不易，不知道生活中有挫折，更不懂得如何来面对困难。在他的心中所有人都要听他的安排，他想要得到什么就必须得到，反之，就不能接受这个现实。而孩子有这种想法的原因，正是爸爸妈妈在平时生活中对孩子的溺爱造成的，不管孩子提出什么要求，家长总是轻易满足的结果。

现实生活中，由于家长对孩子的溺爱，酿成悲剧的事情也屡见不鲜。想要改变和避免这种状况的发生，最根本的也是唯一方法就是改变生活方式，不能溺爱孩子，具体做法有：

一、家长切不可什么事情都为孩子包办代替，要锻炼孩子处理困难的能力

在生活中，鼓励孩子自己的事情自己做，尤其是生活中的穿衣吃饭等完全有能力做的事情，家长就不要插手，同时培养孩子的责任感，学会承担。避免让孩子在独立面对社会时不知所措，不能适应竞争激烈的社会环境，被社会淘汰。让孩子自己面对生活中的小困难、小挫折，自己去解决，才可能更好地面对走上社会后的大困难，否则就很容易被困难击垮，让孩子在潜移默化中形成坚强的性格。

二、满足孩子的要求要适度，主要包括三个方面

1、物质需求。有的家长对孩子提出的物质要求，总是有求必应，孩子见到什么买什么，不管有没有用，也不管是不是重复购买。这就给了孩子一个错觉——全世界都要以我为中心，想要什么马上就得拥有，对爸爸妈妈的付出没有丝毫的感恩，不懂得珍惜。

2、精神需求。对孩子过多地进行赞美，也容易让孩子失去正确的是非评判标准。对孩子的赞美不能没有，也不能太多；赞美要具体，不能太过于笼统。

我们爱孩子，但不能剥夺了孩子成长的机会，否则，一旦遇到孩子没有经历过的事情就难以承受。爸爸妈妈总是对孩子倾注了全部的爱，但这种爱要以对孩子的成长有利为标准，更不能让孩子在爱里迷失了自己。

3 爱孩子人人都会，教育则不然

爱孩子是爸爸妈妈的责任和义务，爸爸妈妈不仅要爱孩子，更要懂得如何去教育孩子，教育孩子是高层次的爱，是对孩子爱的升华。

邻居有一个7岁的小男孩，今年上小学一年级，经常在家里自称“本大王”，一天对妈妈说：“去给本大王把牛奶拿来。”妈妈还以此为乐，“哼，又跟‘灰太狼’学。”说完乖乖地把一盒牛奶给孩子拿过来。“我不是让你拿这个,我说的是那个！”妈妈一愣,忙问:“哪个？”“我说哪个，你不知道呀！”孩子理直气壮地大声嚷嚷着。“好好，你等着，我给你换一个。”

孩子在家里对家长的态度特别蛮横，而且生活上依赖性很强，有一天放学回家要吃香蕉，吵着要妈妈给他拿香蕉吃，当时妈妈正在厨房里做饭，忙得脱不开身，就说“你自己拿吧”。这时小男孩就大吵大叫，“你给我拿个香蕉怎么了？”妈妈说：“你没看我正忙着嘛，等一下我马上给你拿。”后来孩子等不及了就自己动手剥吃香蕉，可是孩子却故意将皮丢了一地，并且还感到很委屈地说：“讨厌妈妈，妈妈不爱帮助人！”做饭的妈妈没有看到地上的香蕉皮，不小心踩了上去并滑倒了，“你这孩子，看你把妈妈害的，快来把我扶起来。”“明明是你自己踩上去，才摔倒的！”小男孩理直气壮地说。孩子习惯了“衣来伸手，饭来张口”，吃香蕉自己拿和剥皮，对于一个7岁的孩子来说并不难，为什么却要别人代劳呢？

没有人会怀疑家长对孩子的爱，爸爸妈妈的爱是所有爱中最无私的。爱孩子，保护孩子，是为了孩子生活得更好，可事实却并非如此，他们接受了太多的爱，却不懂得爱是什么。

爱孩子是动物的本能，溺爱等于是低层次的爱。事事顺从孩子，只能是让孩子内心没有原则，我们不仅要给孩子足够的爱，更重要的是要把孩子教育好。真正的爱是理智的高尚的爱。爸爸妈妈对孩子的溺爱虽然表面上香甜可口，但其实就像毒品一样，会对孩子的成长造成不良影响。所以，做爸爸妈妈的在爱孩子的过程中应该多一些理智，真正爱孩子，就请你教育好他。我的建议主要有：

一、爱孩子就更要严格要求孩子

懂得教育孩子，首先要在尊重孩子、不限制孩子自由的前提下，对孩子进行严格的要求。家长不逼着孩子做自己不愿做的事，但也要让孩子学会合理安排自己的作息时间，愉快地学习和生活。

二、爱孩子就要让孩子拥有好习惯

人是习惯的奴隶，一旦养成了习惯，人就会按照习惯去做一些事情，所以，好习惯能成就一个人，否则，坏习惯会让一个人一事无成。爸爸妈妈要孩子在小的时候拥有一个好习惯非常重要，比如：做事情认真、守时、坚持、自信、独立思考等等。爸爸妈妈千万不要在不经意间让孩子养成坏习惯，因为纠正一个坏习惯的时间会是两三倍于养成好习惯的时间。

三、爱孩子就要让孩子经历风雨

不要什么事情都为孩子代劳，要让孩子自己去尝试，给孩子一定的活动空间。在生活上为孩子包办一切，无形中就剥夺了孩子成长的机会。爱孩子就要让他们懂得体贴家长的不易，理解爸爸妈妈的心意，让他们学会经历困难和挫折，学会经受风雨和磨炼，该做的就让他们自己去做，不要无怨无悔地为他们服务，当他们犯错误的时候更要及时、正确地为他们指出来、并要求他改正过来。当孩子能够理解爸爸妈妈之后，自然就会体贴父母，让父母省心、放心。

四、爱孩子就要为孩子树立好榜样

在家庭中，爸爸妈妈是孩子模仿的对象，孩子是在家长的影响和教育下，在认识周围的世界中成长的，家长对待人生、事业、生活以及对待他人的态度，都对孩子产生重要的影响。因此，家长要不断提高自身素质，为孩子树立一个良好的榜样。

4 溺爱孩子会使孩子变笨

近年来，不会穿衣等自理能力差，被称为“发育迟滞”的孩子增多，他们大多从小娇生惯养，不用多说话，吃的、喝的随时送到面前；不用多走路，想去哪里就可以去哪里；经常有人逗着、哄着，更不用学习怎样与人交流。

8岁男孩正正总是让爸爸妈妈着急。2岁多还不会说话，每天早晨哭闹不愿去幼儿园；3岁才会走路，而且脾气很坏，学东西总是记不住，注意力不集中，身体运动不协调。爸爸妈妈都是知识分子，按照遗传学来说，孩子的智商也应该没有什么问题，但是爸爸妈妈还是带正正去看了医生，测试结果显示：正正的智商是116，处于中上水平。这下爸爸妈妈就弄不明白了，为什么孩子智商也不低，可在各个方面比别人家的孩子显得“笨”呢？

想弄明白这个问题，我们首先要了解一下孩子的成长环境：正正是家里的独子，除了爷爷奶奶、姥姥姥爷和爸爸妈妈六位家长外，还有三个保姆，正正的待遇可谓“豪华”，在爱的海洋包围中的正正，从小就受到极度的关怀：小的时候，只要正正一哭，马上就会有人来抱；出门有车代步，根本不用孩子自己走路；孩子需要吃什么，张张嘴就可以；当孩子上幼儿园时，更是一个孩子上学，跟着几个大人。现在孩子上小学了，由两个保姆护送，一个保姆帮助正正做课堂笔记，因为正正语言表达不清楚，听课和记笔记困难。

近年来，儿童发育与行为障碍性疾病有明显增多趋势，而源头就在家长身上——过分呵护溺爱孩子。这助长了孩子对家人的依赖，同时也剥夺了孩子学习和成长的机会。

在爸爸妈妈眼里，孩子太小，太需要大人的呵护。有的家长不相信孩子的能力，在这种“暗示”下，孩子也认为自己有问题，这样的孩子智商其实并不低，但语言、运动、社交等能力的发育水平普遍比同龄孩子晚。因此，想要避免和改变这种情况，为了让孩子变得聪明，需要注意以下问题：

一、不要忽视孩子早期教育

不要限制孩子的“自由”，当孩子要抓、拿、爬时，在确保安全的前提下，要让孩子大胆地去做。大量科学研究表明0-3岁是婴幼儿大脑发育的黄金时期，是孩子体格、智力、情感、语言、认知发展的关键期，如果进行科学的早期教育，让宝宝得到良好的感官刺激和训练，就可以将孩子各种潜能充分挖掘出来，使他们得到最佳的发展。同时婴儿的大脑有极强的可塑性和代偿功能，有异常情况（早产、双胎、低出生体重、出生窒息、病理性黄疸、颅内出血等）的宝宝，通过早期干预，有望达到正常水平。

二、爸爸妈妈更应该关注孩子综合能力的发展

许多家长对孩子在物质和生活上照顾比较多，吃、穿、用应有尽有，但是对孩子能力的培养方面却是空白，不注重培养孩子的良好个性、独立生存能力、与人交往能力、学习能力、良好的生活习惯，不懂儿童的生长发育规律。一旦错过了孩子智力、心理发展的关键期，容易造成孩子智能低下，使孩子在认知、语言、运动、社会交往等多方面出现问题。比如：如果孩子没有练习爬行的阶段，长大后很容易出现多动、注意力不集中、学习能力差等不良行为；有的孩子迟迟不开口，如果家长不及时和孩子进行语言交流的训练，甚至会影响孩子的智能。

5 别把孩子当宠物

养宠物的人大都不乏爱心，一般对宠物照顾得很好，吃的、穿的、用的齐全而讲究，甚至有时给宠物掏钱，比自己花还要痛快，主人对宠物不求什么回报，如果有什么绝活那就最好不过了。孩子和宠物确实有很多相似之处——都那么弱小、都需要别人的照顾。但更多的时候，主人对宠物是居高临下的，可以决定它们的命运——吃什么、玩什么、去哪里等等所有的事情。

下面再看看家长又是怎样来对待孩子的：

6岁的朵朵是家里的独生女，爸爸妈妈更是百般小心地呵护，手头再紧也要挤出钱给孩子买名牌玩具，用妈妈的话说“女孩要‘富’养，不想让孩子受一点委屈，经历一点磨难”。

一次吃饭时，看到孩子想端碗端碟子，妈妈赶紧制止：“朵朵快放下，别烫手了。”朵朵刚想动手吃饭，妈妈又说，“别把衣服弄脏了，来，张嘴！”孩子只管张嘴就行。尽管妈妈给孩子喂饭的动作很“麻利”，但是朵朵还是“压轴”吃完，因为朵朵根本不配合妈妈，没吃几口饭，一会儿跑沙发上坐坐，一会儿又到客厅里转转，根本就在餐桌前坐不住。吃完饭，朵朵想到楼下的小花池玩，妈妈说：“太脏了，外边有风，在家看电视多舒服呀。”

殊不知，孩子在“享福”的同时，也失去了学习和锻炼的机会，由于朵朵经常由妈妈喂饭，以致现在还不能熟练地使用筷子。在外边玩耍时，朵朵有时很想跟小朋友玩，但却不知道怎样来表达自己的心情。

妈妈对朵朵的学习倒是很关心，光兴趣培训班就上了5个，琴棋书画样样都要学。每当周末的时候，妈妈都是带着打扮得漂漂亮亮的朵朵奔波于各个培训班，这些事情都是妈妈定的，因为妈妈认为“孩子哪知道学什么呀”。而且每当有客人来家里，妈妈总要朵朵在客人面前表演一番，那将是妈妈最开心的时候。

的确，孩子和宠物有很多相似之处——都要依赖别人来生活。事实上有些爸爸妈妈无形中也把孩子当成了宠物来养：给孩子吃好的、玩好的、饭来张口、衣来伸手、让孩子听话，不听话是棍棒相加。但爸爸妈妈千万别忘了，养孩子决不能像养宠物那样，因为孩子是个有头脑、有思维、有独立人格的人。所以，您要做到以下几点：

一、我们不能一味地要求孩子要“听话”，更要孩子“懂事”

主人对宠物一旦发出指令，宠物必须听从指挥。养孩子如果像养宠物一样，要求孩子言听计从，按照自己的意愿去为孩子“设计”人生，大事小事一切都必须听从爸爸妈妈的指挥，孩子可能会渐渐失去了自己的个性。我们养孩子，就要让孩子学会生存的本领，将来能够独立，并且还要学会付出，懂得感恩。

二、我们对宠物可能会“居高临下”，而对孩子一定要“平等”对待

主人对宠物的爱可能是居高临下的，可以对宠物呼来唤去，宠物的命运掌握在主人的手里，很多时候我们是自私的。但我们对待孩子要发自内心的“平等”。不管孩子年龄的大小，都是一个独立的个体，我们要尊重孩子，在人格上孩子和家长是平等的，爸爸妈妈不要认为自己是过来人，强行地要孩子来服从我们的意愿，而应该是“蹲下身来”，更多地考虑孩子的需要，了解孩子此时的发育特点和心理感受，根据孩子的成长规律，科学地教育孩子。

三、养宠物自始至终都是由我们为它“提供”物质需求，而孩子要学会“创造”财富

对宠物我们可以让它饭来张口、衣来伸手，因为它们已远离大自然，不需要再去谋生，也不用去学习自立的本领，我们可以是永远的物质施舍者。而我们养孩子却不同，爸爸妈妈不仅要在孩子的成长阶段为他们提供必要的物质基础，更要培养孩子创造财富的能力，爸爸妈妈要学会对孩子进行“放手”，让孩子学会独立。

四、我们可以“炫耀”宠物的绝活，但孩子能力的“展示”要有度

主人经常让自己的宠物在众人面前表演一些“绝活”，显示其聪明能干，主人也很有面子。但是对待孩子却不能这样，很多家长都喜欢让孩子在外人面前展示一些才艺，以搏来大家的赞叹和夸奖，当然，优秀的孩子是爸爸妈妈的骄傲，这毋庸置疑，不过过于炫耀，甚至爸爸妈妈之间对此互相攀比，这样不仅助长了家长的虚荣风气，而且孩子也容易滋生骄傲的情绪，不利于孩子的健康成长。

五、我们对待宠物有时会“喜怒无常”，但一定要给孩子“安全感”

主人高兴的时候，对宠物又搂又抱，宠爱有加；但心情不好时，即使宠物跑来对主人摇头摆尾地讨好，主人也可能是爱答不理。但我们不能用这样的态度来对待孩子。在实际生活中，爸爸妈妈也会在工作、生活中会遇到很多烦恼，心情也会时好时坏，但是切记不能把坏情绪带回家，更不能拿孩子撒气释放不良情绪，而是要给孩子足够的安全感，给孩子一个健康的成长环境。

孩子不是宠物，他是一个在人格上完全独立的人，别把孩子当成自己的私人财产或者附属品，别把孩子当成宠物养——过度宠爱、太多包办、限制行动、束缚思想。而要给孩子一片属于自己的天空，要知道——爸爸妈妈的行为关乎孩子的一生，科学的教养才是对孩子最大的爱。

6 爱哭鼻子的小宝宝

1周岁前的孩子哭闹的原因更多的是对饥饿、疼痛、冷热等不舒服感觉的反应；1岁左右和3岁左右孩子的哭闹，大都因为他们有了独立的意识，很想表现自己，如遭到家长的压制，他们会用哭闹以示反抗；如果孩子4岁以上仍然娇气、爱哭，甚至把“哭”当成武器，那就说明孩子受到了溺爱。

刘先生从农村出来到北京打拼，中年得子，对孩子真是疼爱有加，在生活上对孩子照顾得特别周到，在物质上更是有求必应。但据说刘先生的孩子鹏鹏特别爱哭，而且一哭起来断断续续，没有一两个小时是不会完的。理由不是今天妈妈不带他去游乐园了，就是明天他要的玩具爸爸没有给他买了，反正每次哭都有他的理由。哭的时候，一般是坐在地上哭，先是嚎啕大哭，后来渐渐地就断断续续小声地哭。尽管有爷爷奶奶爸爸妈妈轮番地哄劝，都无济于事，而且往往是家长越哄，鹏鹏哭得反而越厉害，越是家里有客人来，哭的声音也就越大。鹏鹏只要一哭，想得到的东西肯定就有了眉目，这个方法让鹏鹏屡试不爽。

有一次，鹏鹏到爸爸的单位来，中午时鹏鹏要爸爸带他去吃肯德基，爸爸说：“肯德基是垃圾食品不能吃。”鹏鹏在央求爸爸无效的情况下，干脆就坐在办公室的地板上号啕大哭起来，爸爸过来哄劝了几次，根本没有用，办公室其他的同事也过来相劝，孩子仍然我行我素。无奈之下，爸爸最后还是满足了孩子的要求，这场大哭才结束。鹏鹏现在不仅在家里爱哭，在外边也是一样，当受到小朋友的“欺负”、别人不和他玩、对集体生活不适应时，就会哭起来。

孩子这种情况的哭闹，主要是家长对孩子的溺爱造成的，解决这个问题，解铃还须系铃人，家长可以从以下几方面着手：

一、对孩子的哭要“冷处理”

每当孩子哭闹时，爸爸妈妈首先应弄清楚哭的原因是什么。如果确定孩子没有危险，只是发生了一点小事情就哭闹时，你可以说一句“没关系”，继续干自己的事，或者一开始就不理他。孩子哭往往是向大人“求援”，见爸爸妈妈不理他，哭一会儿，便也觉得没有意思，自己就会平静下来。如果你很专注地干自己的事，就会给孩子一个暗示“你的事并不严重”，这样孩子哭闹就会觉得很没意思，也就不哭了。在这里需要提醒的是，家长的态度很重要，千万不能当孩子一哭，家长就哄，就答应孩子的要求，这样下去，当家长不能满足孩子的要求时，孩子还会用哭来作为武器。

二、告诉孩子“哭”不能解决任何问题

动不动掉眼泪是孩子性格懦弱的一种表现，不利于孩子自信和坚强个性的养成。当孩子因家长不满足自己的不合理要求而哭闹时，爸爸妈妈就首先要明确地告诉孩子“你的哭闹没有任何作用”，让孩子知道，哭解决不了任何问题，然后让孩子安静下来，帮孩子分析一下爸爸妈妈不满足他的原因。如果孩子因为要家长帮助解决问题而哭闹，爸爸妈妈要先弄清楚事情的难易程度，是不是孩子真的不能完成，然后再具体问题具体对待，但也要明确一点就是，哭不能解决问题，要开动脑筋思考才是重要的。

三、树立好的榜样

如果您的孩子爱哭的话，爸爸妈妈在平时的生活中称赞一些他认识的不爱哭的孩子，并鼓励他向这些孩子学习。因为孩子也是很要强的，如果当面称赞其他的孩子，会对他的内心有一种触动。另外，当孩子在这方面有了进步时，爸爸妈妈一定要及时地鼓励和表扬，来强化和巩固好的行为和表现。

爱哭的孩子往往和溺爱有关，如果自己家的孩子爱哭，爸爸妈妈不妨反思一下自己平时的行为，是不是对孩子太过娇惯：自己做的太多而孩子做的太少、孩子只是温室里的花朵经不起一点风吹雨打、孩子有太多的依靠而缺乏思考等等，让孩子变得坚强、自信和乐观，就要懂得对孩子放手。

7 谁来给“坏孩子”买单

常言说：养不教，父之过。当孩子出现这样那样的问题时，首先要考虑的就是家长对孩子的教养方法是否合理科学，爸爸妈妈是否尽到了做家长的责任。可是当孩子变成坏孩子时，买单的不仅仅是教养者还有孩子自己。

仅仅因别人无意间踩到自己的脚，三年级的学生遥遥竟然拿起爸爸刚给自己买的新手机将同班一名同学眼睛打伤致使失明，这个事情轰动了整个校园。我们不能因为这一件事就把孩子归为坏孩子，但是孩子下手如此之狠，还是引发了我对此事的探究兴趣，为何一个刚刚10岁的孩子，能对自己的同学下如此凶狠之手？是误伤还是故意所为？是一时冲动还是一贯行为？这个孩子平时的表现又是怎样呢？他又拥有一个什么样的家庭呢？人们常说“3岁看小，7岁看老”，想弄清这些问题，我们还是先把镜头转向6年前，看看当时孩子的表现。

自从遥遥出生，家庭就给了他太多的关注和爱，遥遥并非独生子女，他还有一个比他大7岁的姐姐，因为遥遥的爸爸妈妈非常希望能再生一个儿子，遥遥的降生让爸爸妈妈如愿以偿，对这个“老来子”更是如获至宝，在生活上对遥遥百依百顺。孩子1岁多的时候，非常喜欢用嘴咬东西，一次他和姐姐在一起玩，竟然将姐姐咬伤，看到哇哇大哭的姐姐，遥遥也被吓哭了，妈妈闻声赶来，不问青红皂白就对女儿一顿批评，对遥遥的行为也没有进行详细的了解。后来，遥遥还咬过妈妈，可妈妈并没有生气，看到遥遥咬完后那诡异的表情，妈妈竟然对遥遥笑了一下。后来有时妈妈为了讨好或者为了不让遥遥哭闹，就把胳膊伸过来让遥遥咬一下，遥遥这咬人的习惯就这么被妈妈培养起来了。

当遥遥上幼儿园时，就经常发生在幼儿园咬人的情况，每当有这样的事情发生，家长从来没有对遥遥的行为进行阻止或批评，相反觉得孩子很有出息，认为孩子的霸道是有“能耐”。随着遥遥年龄的增长，他的胆子也真的越来越大，不仅咬人而且还打人，每次把小朋友打伤，都是爸爸买些礼物去上门赔礼道歉，但从未对孩子的行为进行过阻止。在遥遥看来，能打架就是有“本事”，而且送礼物就能“没事”。

从儿童生理学角度来说，婴儿最早接触事物并不是用眼睛和手，而是用嘴，这就决定了儿童用嘴去咬东西是在对事物的探索。遥遥的家长面对孩子的这一生理反应，在最初就没有告诉他嘴的正确用途，另外，当遥遥有意识用咬人这种方法来表达自己的不满情绪时，家长应该及时制止并加以正确诱导，而不能采用向被咬小朋友送礼道歉的方式，这样无疑纵容了孩子继续咬人的不良习惯，也可以说，造成遥遥咬人的习惯，是其家长一手培养的。

孩子在小的时候，发生打小朋友的事情也是很常见的，但是如果不能及时纠正这种不良行为，不仅会对其他小朋友的安全构成威胁，长大后还会出现更加严重的暴力倾向，家长必须对此事引起足够的重视。以下几点供您参考：

一、孩子咬人是一种生理反应

1岁左右的宝宝处于生理发育的高峰期，这种快速增长的生理因素，有时会带来生理上的不适感，如关节痛、肌肉酸等。长牙时期会因为牙龈黏膜受到刺激而发生牙痒痒的现象，于是有不少孩子由于牙痒而咬人，这时爸爸妈妈可以给宝宝一个可以满足咬需要的替代品，如吃磨干棒、五香豆、兰花豆和青苹果，同时要告诉孩子不能咬人，这样会让小朋友疼的。

二、严肃对待孩子咬人或打人的行为

如果孩子已经3岁多了，遇到不如意就打或咬别人，家长一定要制止这种行为，因为家长的态度对孩子的行为有很大的关系。遥遥的妈妈对孩子咬人的情况，不但不制止而且有时主动让孩子咬家长，把孩子咬人当成了制止孩子哭闹的条件，都是非常不可取的，甚至当孩子咬人后，家长以“买礼物”的方式来“平息”，实际上就强化了孩子咬人的行为。

三、全家人对孩子的教育态度要一致

无论是保姆还是爸爸妈妈根据环境不同而变化不一的态度，会对孩子的行为纠正产生负面影响，孩子是很聪明的，如果全家人对“规定”态度不一，孩子就会不断尝试去“突破”所谓的规定，直到达到他们的目的。这也正是很多家长反映孩子在家里和在外面表现不一致的原因。正是因为家长的规矩在不断变化，导致孩子学会“察言观色”后见风使舵。

四、爸爸妈妈要让孩子对自己的行为负责

孩子有不良行为，家长不仅要直接严肃地阻止，还要给孩子适当的惩罚，比如减少孩子玩的时间、不给孩子喜欢的食物等，让孩子知道自己要为自己的行为负责。同时还要进行阳性强化，当孩子有进步的时候，家长要及时进行表扬和鼓励，来强化孩子好的行为。

8 永远都是“吃奶的娃娃”

有些爸爸妈妈盼望孩子早点长大的同时又剥夺了他们成长的机会，口头上埋怨孩子不懂得付出，但在实际生活中又为他们代劳了一切。在这种家庭环境下长大的孩子，往往看似拥有了“大孩子”的外表，但却有一颗“小娃娃”的内心。

菲菲就是一个“长不大的孩子”，虽然已经上幼儿园大班了，但是比起比她年龄小的孩子来各方面能力都稍逊一筹：别的小朋友都会自己吃饭了，而菲菲却还要老师喂；小朋友开始用水杯喝水了，可她还在用奶瓶；和她年龄差不多的孩子都已经会自己穿衣服了，可她还不会脱衣服；当小朋友已经会用油画棒画画时，菲菲还不知道怎样拿稳画笔。

菲菲2岁多了还不会走路，因为孩子根本没有“下地”的机会，爷爷奶奶和爸爸妈妈4位家长争着抢着抱孩子，见不得孩子哭，孩子稍微不高兴，大家赶紧又是抱又是哄，家长这么做实际上无形中将孩子练习爬、走的机会剥夺了。另外，孩子天天和大人在一起，生活圈子过于狭窄，缺乏观察能力、思考能力的锻炼，同时家长也没有认识到对这一能力培养的重要性，也不去引导孩子对周围的世界进行观察思考，导致孩子的心智发育迟缓。

家人对菲菲生活上的照顾真是既周到又细致，认为孩子就需要家长悉心照顾。尤其是爷爷奶奶，常常是过分地关心和溺爱，包办孩子的一切事情，使孩子没有机会做自己的事情。例如：当菲菲已经3岁时，每次吃饭不但需要家长喂，而且还得一个家长抱着另一个家长喂，更不要说自己动手吃饭了。在家长如此“周到”的服务中，孩子的自主行为大大减少，对成人的依赖性越来越强，独立能力越来越弱。

因此，孩子“长不大”的原因从根本上说就是缺少独立性。所谓独立性，是指一个人独立地分析和解决问题的能力，它是每个人在社会上生存以及进行创造性活动必备的心理品质，最主要的表现就是家长无原则地为孩子包办代替做事情，尤其是隔代抚养。独立性作为人格特征之一，不是与生俱来或自然形成的，是个体通过主观努力和接受教育而获得的，形成孩子的独立性，需要有适宜其生长的环境和适当的教育。

儿童发展依赖于成年人，又独立于成年人，这是人的身心发展的过程。孩子小的时候，对成年人有着很强的依赖性，需要成年人的帮助，但这种依赖性是暂时的，随着孩子的成长，独立自主性将是其发展的主要内容。3 岁孩子的自我意识就开始萌发、独立意识逐步增强，家长要确定适当范围，支持孩子“自己来”，凡是孩子能自己做的事，必须支持他自己做，并随着年龄的增长不断扩大“自己来”的范围。如 1 岁的孩子吃饭时要求“自己来”时，爸爸妈妈要满足孩子的要求，不要怕他把饭洒到桌上；2 岁左右的孩子要自己洗手洗脸、自己爬楼梯、穿脱鞋子等等时，爸爸妈妈均应支持，允许他自己做，这样既可增强宝宝自理的能力又可锻炼他动作的灵活性、准确性。

游戏是学前儿童的主要活动，也是促进儿童心理发展的最好形式；玩具则是孩子游戏中必不可少的东西，它能使孩子得到极大的满足和无限的乐趣。让孩子自己去选择、组织游戏的伙伴，或选择玩具，并从中培养其独立能力。爸爸妈妈要鼓励孩子创造性地玩，尽量发挥孩子的想象力，训练孩子的独立人格，在孩子相互游戏的过程中，家长不要因孩子间的打闹而参与其中，不要过多地限制孩子自由玩耍。如果我们不重视对孩子独立能力的培养，“长不大”

的孩子即使成年以后他们也缺乏独立意识，很难在竞争激烈的社会环境中生存发展。人出生后有相当长的时间是在家中度过的，家庭环境和家庭教育对独立性的发展起着重要作用，培养孩子独立性，家长要注意以下几个方面：

一、家长要全面地了解孩子的本质缺乏，家人的保护和孩子的锻炼缺一不可

孩子在成长过程中，一方面要得到家长的照顾和关心，另一方面自己也需要得到锻炼和成长，有的家长过低地估计了孩子的独立能力，而过多地相信自己在孩子发展中的作用，事事都要为孩子包办，这样只能使孩子锻炼的机会减少，导致各种能力得不到很好的发展。

二、习惯于将成年人的活动特点强加于孩子

很多爸爸妈妈常常根据自己的认识设计孩子的活动，代替或者强制他们做事，不给孩子创造独立解决问题的环境，从而剥夺了他们自我发展的机会。比如：孩子玩什么玩具、做什么游戏、学什么等都是家长为孩子安排和决定。在许多情况下，孩子与成年人的关系是不平等的，一些家长没有把孩子当作一个独立的社会成员，而是大人的附属物。

三、家长要允许孩子“犯错”

由于孩子年龄小，能力相对较差，在尝试“自己来”时往往搞得一塌糊涂，这时家长应耐心指导，做好示范，教会孩子“自己来”的技能，帮助孩子进步、成功，从而获得足够的自信心，而不是由家长为孩子代办。

总之，如果孩子无论在生理或心理上存在发育迟缓，要具体问题具体分析，然后采取相应的对策，但要切忌急躁。因为如同任何事物成长的规律一样，人的成熟有自身的特点和规律，更不是一蹴而就的。因此，爸爸妈妈要对“不够成熟”的孩子有足够的耐心，并且有目的、有步骤地对孩子进行培养锻炼，一定能逐步获得良好的收效。

9 谁得了“421”综合征

现在，随着生活节奏的加快，由家里的老人带小孩已经非常普遍，爷爷奶奶、姥姥姥爷加上爸爸妈妈共同抚养1个孩子的“421”家庭模式，是现阶段我国尤其是城市家庭结构的显著特点。6位大人各有各的教育经，孩子在“爱”的包围下享受着不同口味的“幸福”大餐，他们在“享福”的同时，也被列入了“421综合征”易感人群行列。

我们俗称的“421综合征”，虽然在医学上还没有科学的界定和称谓，但是其传递的意思大家也不难理解，主要是指由于孩子在爷爷奶奶、姥姥姥爷加上爸爸妈妈6位大人共同抚养下，由于教养过程的不科学，导致孩子产生了特殊的身心障碍。典型的病症归纳为：在家里唯我独尊、爱发脾气，依赖家人；在外胆小怕事、不善交际，独立能力差。这种不好的行为和心理并不会随着年龄的增长而消失，而会以不同的表现形式出现在孩子不同的年龄阶段，影响孩子的一生。

今年还不到7岁的多多，经常面对奶奶和姥姥的管教无所适从，两位老人都非常爱孩子，但在具体的教养上常有分歧。一天早晨，孩子吵吵着要吃鸡蛋，当姥姥把煮好的牛奶和鸡蛋端到孩子面前时，正好被奶奶看到，老人二话不说，就把牛奶鸡蛋倒掉了，还气愤地说这些食物都有毒，不能给孩子吃，因为奶奶曾在电视上看过相关的报道，说是牛奶不适合跟鸡蛋同时吃。对此，姥姥也憋着一肚子火。

爷爷奶奶对孩子的要求比较严格，而姥姥姥爷对孩子比较溺爱。一天，一家人带孩子去超市购物，当孩子看到一个自己喜欢的玩具，并伸手就要去拿时被奶奶看到了，奶奶不由分说地一把拉住了多多说“我们到那边去，这个不好玩”。边说边拉着孩子离开，“我要买这个！”多多用眼睛瞪着奶奶不情愿地被奶奶拖着走，奶奶说：“家里的玩具那么多了，还要买！”“我喜欢这个。”多多在超市里嚷嚷了起来。“不行，这孩子怎么见什么要什么呢。”奶奶决不让步。这时姥姥说话了：“你也真是的，给他买一个不就完了嘛，这个也没多少钱，家里的玩具也没几个好的了。”当孩子回到家的时候，姥姥把玩具放到了孩子面前，这是姥姥偷偷地自己把玩具买了回来。

在多多的眼中，奶奶“很讨厌，什么都要管”，却很喜欢姥姥姥爷，因为他“要什么就能有什么”。孩子一旦不开心，姥爷甚至会蹲在地上，让孩子“骑马”。在他们的溺爱下，孩子脾气也见长，每次爸爸或妈妈批评孩子，老两口都要帮着说话，现在孩子还学会了顶嘴。

每当多多生病的时候，也是家里最热闹的时候。有一次，爷爷奶奶、姥姥姥爷抢着给正在给孩子看病的医生“支招”：一个说是“吃中药好”，一个坚称“吃西药好”，吵得不可开交时，恰好多多的爸爸请假从单位赶来，一家子开始七嘴八舌地讨论孩子的病情，看着一家人忙成一团，多多哭闹得更加厉害。

多多在家里是个“小霸王”，唯我独尊、人小脾气大，但生活能力特别差，吃饭穿衣都要有人帮助，只要有什么需求，一呼百应；但在外边胆小怕事，不能正常地上学，据说小朋友都不和他玩，多多不会与人交往，每天都担心老师批评自己，孩子社会适应能力极差。

其实，多多就是明显的“421综合征”，6位家长给了孩子不科学的爱，而让孩子产生了不好的行为和心理，孩子出现的这种情况预防大于治疗，进行及时的补救可以从以下几方面入手：

一、6位家长对孩子的教育要经常沟通，做到统一思想

全家教育孩子的态度和方式要一致，不能一个“唱白脸”，另一个“唱红脸”，更不能为了自己“拉选票”，在孩子面前诋毁其他的家长。家庭事务上要采取民主的方式，有事大家要进行平等讨论，给孩子一个健康的成长环境。

二、要正确对待孩子的合理要求，既不能强硬地拒绝，也不能过分宠爱

当孩子的要求不合理时，6位家长要形成合力，先要给孩子做耐心解释，如果孩子仍坚持无理要求，家长可采取不理睬的方法给予“冷处理”。孩子发现自己的过分要求未达到目的，也可能要找其他的家长，这时另一方家长千万不能“心软”，要坚持原则，这样以后孩子就会逐渐放弃不合理要求。比如对健康儿童拒绝吃饭者，父母可置之不理，当孩子真正饥饿时，常能自动进食。

三、不能让孩子过度依赖家长，要培养孩子的独立能力

凡事都为孩子包办，不仅会影响孩子能力的发展，而且孩子也体会不到做事的辛苦，更不懂感恩。另外，对胆小、敏感和退缩的孩子，应该多鼓励，鼓励他们自己的事情要尽可能自己完成，对孩子好的行为，要及时进行表扬。对具有严重行为问题和品行问题者，应采取行为矫治疗法、行为模拟疗法等行为治疗方法，应在医生的指导下进行。

第九部分　培养孩子的领导气质

“王者”，通俗的理解可以指那些取得天下的人，他们普遍具有坚定的意志、独立思考能力、乐观的心态、强烈的责任感。很多爸爸妈妈希望自己的孩子将来能成为一个“王者”，孩子天生的性格也许无法改变，但优秀的品质是可以通过后天的教育来培养的。

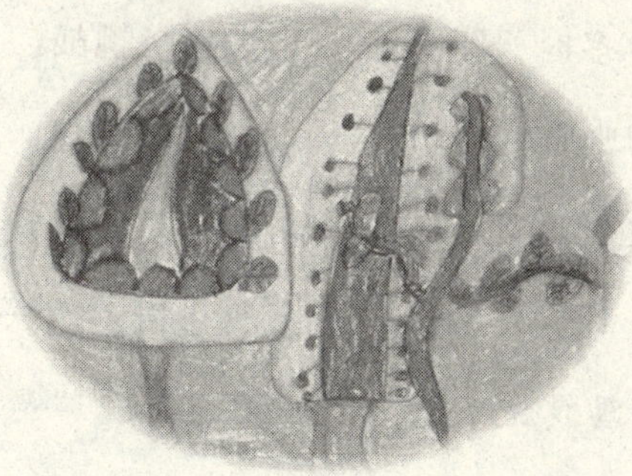

1 幼儿园里的丛林法则

丛林法则，通常情况下指的是自然界中万物生存的一种规则，面对有限的资源，强者会拥有更多，即弱肉强食、优胜劣汰。如果把这个词引申到幼儿园里，看似好像与天真无邪的孩子没有什么联系，而且还有些不忍，但幼儿园这个看似在大人控制下的孩子世界，其实他们之间的交往几乎是没有规则的，那种环境类似于弱肉强食的丛林。当孩子独自走向丛林时，爸爸妈妈并不能为他们清除丛林里的一切危险，更多时候是孩子独自去接受挑战，用自己的智慧和实力去做丛林中的强者。

上幼儿园大班的文文今天从幼儿园回来心情特别不好，看样子受了很大的委屈，“怎么了，今天上幼儿园不高兴吗？”妈妈关心地问。“军军用脚踢我腿了！”文文委屈地说。“是不是小朋友不小心踢的呀？别那么娇气！”妈妈劝慰道。文文说：“他不是不小心，是故意踢的！”“为什么呀？”妈妈有些着急了，“你没有告诉老师吗？”“没有，老师说小朋友不能告状。”孩子无奈地说。“给妈妈说说，到底怎么回事？”“我正在做手工呢，军军过来踢了我一脚，就走了。””哦，是这样呀。”妈妈认为小孩子大概也没有什么恶意，估计是因为调皮吧，“下次军军再踢你，你就告诉他‘不许踢人！’

记住了吗？”孩子点点头。妈妈也不知道该如何教育孩子，很想告诉孩子今后遇到这样的事，应该勇敢回击，但又担心这样会给孩子的心里种下暴力的种子。

第二天，妈妈看到孩子高高兴兴回家的样子，心想小孩子在一起打打闹闹也没什么，就把这件事抛在了脑后。

又过了几天，文文要在家里做手工，对妈妈说：“妈妈，给我买橡皮吧。”“我上次不是给你买了两块吗？”“我的橡皮被军军拿走了。”“怎么又是他！他怎么拿你橡皮？他没有带橡皮吗？”“不是，他说我的橡皮好看，拿走就不给我了，我朝他要，他不给。”

妈妈心想，这个军军怎么这么霸道，上次踢人就没说什么，现在怎么还抢东西呢？妈妈越想越生气，就对文文说：“明天你就告诉老师，如果老师不管，你就问他要。”

等第二天，妈妈早早就到幼儿园门口来接文文，也想看看到底事情进展到什么地步。站在幼儿园门口，妈妈远远就看见孩子高高兴兴地从教学楼走了出来。

“文文，你的橡皮呢？军军给你了吗？”妈妈见到文文的第一句话就问，“给了，在我书包里呢。”妈妈那颗紧绷着的心稍稍松了口气。妈妈问：“是他主动给你的？还是你朝他要的？”文文说：“我本来想朝他要的，后来他主动给我了。”“哦，看来军军还是挺懂事的。”妈妈情不自禁地说道。“什么呀，今天老师让小朋友画小鸭子，他不会画，我说我可以帮你画，你得把橡皮还给我，我就帮他画小鸭子了，他就还给我了。他还说以后要和我做好朋友，妈妈你说我和他做好朋友吗？”“哦，原来是这么回事呀，文文会开动脑筋解决问题了，真不错！和军军交不交朋友这个问题就由你来决定吧。”看到孩子能自己解决问题了，妈妈欣慰地笑了。

其实，幼儿园也是一个小小的“丛林”，有的孩子胆大、强势，而有的孩子就相对胆小些。孩子独自进入“丛林”时，他们为了各自利益，小孩子之间的纷争在所难免，除非是闹出了“乱子”，否则大人也不好插手，就连幼儿园老师都说了“小朋友不许告状”，更多的时候是让孩子独自面对问题并解决问题。爸爸妈妈都不希望自己的孩子在丛林中做“狼”，同时更不愿让孩子当“羊”，怎么样让孩子学会面对所谓的挑衅、欺负、暴力，这是不能缺少的一课，特别是对男孩子来说更为重要。

孩子在幼儿园受的“欺负”，更多的是精神上的，比如，有的孩子当众说某个孩子笨、个子小，不让其他小朋友和他玩，或者弄坏小朋友的一些东西然后耍横不承认等等。如果家长去找老师或对方孩子家长并不是最好的选择，因为有可能让对方产生报复仇视心理，这样会变本加厉地欺负你的孩子。所以，最好是要孩子明白做人的道理，但具体的问题要孩子自己处理。以下几点供您参考：

一、告诉孩子不要害怕

当孩子遇到这种情况，爸爸妈妈要告诉孩子：遇到这种事情不要怕，不能忍气吞声，你的胆小会助长别人胆大，很多小孩是欺软怕硬，当你变得厉害了，对方反而不敢欺负你了。如果有小孩打你，你首先要明确地告诉对方“不许打人”。爸爸妈妈可以问问你的孩子：“怕什么？是怕打架？还是怕被孤立？”往往后者还要多过前者。成人的世界孤立可能是隐性的，孩子的世界孤立却是赤裸裸的，但是，仍要告诉孩子不用怕，让孩子明白“谁也不会因软弱而得到尊重”，告诉他即使暂时被孤立也没有关系，人生的路还长，过不了多久，他就可以通过自己的努力让情况发生改变。

二、我们不应该教孩子“以暴制暴”，但要让孩子懂得捍卫尊严。

孩子拒绝“动手”不一定就是懦弱，大多时候是善良的表现，作为家长这时候不能责备他，而应该认可他。同时要告诉孩子“动手解决不了问题”，这样你打我，我打你，最后受伤的也都是孩子。孩子对爸爸妈妈来说都是宝贝，伤了谁都不好，但要让孩子懂得捍卫自己的尊严。一个从小就被家长教导着要接受不公平、甘受屈辱的孩子，长大后即使有可能在某一领域有些成就，但他在生活中，肯定难免暴露出幼时家长教育造成的心灵扭曲：在集体生活中，他很可能不敢争取自己应得的权益，不敢挑战别人不该有的滥权；在私人生活里，他很可能会轻易放弃自己的快乐与尊严。

三、告诉孩子要树立威信

爸爸妈妈在孩子小的时候就应该传达这样的理念：勇敢和善良

缺一不可。没有善良的勇敢只是骄横跋扈；只有善良没有勇敢也做不成一个好人，因为当面对人性丑陋的一面时就有可能迅速妥协。爸爸妈妈要告诉孩子不可以好勇斗狠，但也绝不能胆小怕事；对弱小者要有同情之心，对朋友要包容友爱。告诉孩子不要担心被孤立，要懂得树立起自己的威信，除了乐于助人之外，当别的孩子被欺负时你应该挺身而出，这样，你才能赢得别人真心的尊重和友谊。

无论孩子将来选择用什么样的方式去对待他们人生路上的对手，都是他们拥有了自己独立判断能力之后的事。我们无法让孩子回避丛林，也不应该让他们害怕丛林，我们应该做的是帮助他们掌握丛林生活的经验，这些经验将使他们更独立更勇敢地去面对未知的一切。

2 怎样培养“王者”

“王者”，通俗的理解可以指那些取得天下的人或者拥有最高控制权的人，结合到现实生活中可以理解为领袖或者某行业以及单位的领导，他们普遍具有坚定的意志、独立思考能力、乐观的心态、强烈的责任感。很多爸爸妈妈希望自己的孩子将来能成为一个“王者”，孩子天生的性格也许是无法改变的，但优秀的品质是可以通过后天的教育来培养的。

用妈妈的话说，刚刚上一年级的周周是个“小官迷”，从小到大就喜欢指挥别人做什么，一副“领导”的架势，他和小朋友在一起玩时也常常要充当指挥，还会提出自己不同的玩法。遇到小朋友闹矛盾，周周也经常会去帮忙出主意解决。一次，佳佳和晨晨看上了同一个玩具，两个都握着玩具不肯撒手，还哇哇大叫，两个孩子的妈妈也不好说什么，只能是哄劝自己的孩子要让着对方。这时，周周走过去对大家说：“我有一个好主意，每人玩5分钟。”这句话给了两位妈妈很大的启发，最后在妈妈们的调解下，两个孩子终于相安无事了，高高兴兴地玩了起来。虽然当时周周还不知道这场“纷争”具体怎么处理，起码他有这种帮助调解矛盾的意识，这让大人们很惊讶。

平时周周在幼儿园里和小朋友的关系比较融洽，老师和小朋友都喜欢他。他上幼儿园中班时，有一次活动时间，他让班里的小朋友排一队，并把大家带到楼下的活动场玩，半个小时以后，他又把大家弄成一队，把大家带回二楼的班里。老师一直在旁边看着，看他怎么组织活动。

平时小朋友玩什么也喜欢问周周，“周周，我们去图书区玩好吗？”这时周周可能会说“我看我们还是先去植物角给花浇水后再去吧”。然后小朋友果然就先给花浇水，然后就都去图书区了，老师对周周的评价是他非常具有“领导”能力。

但是周周也有让妈妈担心的地方，妈妈发现周周有控制欲望，那天豆豆来找周周玩，周周想玩“上课”的游戏：由周周当老师，豆豆当学生。可是豆豆想玩“过家家”，周周就显得很失望。而且周周有时候太争强好胜，总想自己得“第一”，如果和妈妈比赛跑步，得不了“第一名”就很不高兴，有时嘴里还狡辩：“你不是第一，我是第一。”

现在上小学的周周如愿以偿地当上了小班长，每天给小朋友负责发“小奖片”，他非常乐意帮老师做些事情。

其实，像周周以上的这些表现，这个阶段的很多孩子都有。虽然他们可能具备作为“领导”的某些基本气质，但将来不一定都能成为真正的“王者”，因为以后经受的教育，将会影响孩子的人生。爸爸妈妈对孩子后天的教育会给孩子将来的发展带来很大的影响，所以，给孩子科学的培养，是问题的关键所在，即使孩子将来不做“王者”，也会让孩子终身受益。先来看看一个王者应具有哪些基本的素质：

1、稳定的情绪；

2、有自省能力；

3、精密的思考问题的能力；

4、创造性地解决问题；

5、克服个人困难；

6、有统筹能力，有管理自己时间的能力；

7、知己知彼、用人唯才；

8、和别人分享你的蓝图；

9、社交能力好，交往广泛；

10、能鼓励他人；

11、愿意倾听别人说话；

12、支持他人的想法；

13、挑战自己和同伴；

14、扮演良师益友的角色。

领袖不是天生的，而是后天培养的，而且6岁之前是孩子情感发展的关键期，所以爸爸妈妈不要在此时只关注孩子的智能开发，而错过了学习沟通及观察别人的最佳时期。想把孩子培养成“王者”，要根据孩子的成长规律，分别对待，不同时期采取不同的方法。我给您的建议是：

一、孩子0–1岁时期

这个时期的孩子无意识地吸收环境中的一切信息，包括爸爸妈妈对他的态度以及家庭成员间的关系。如果这个时候孩子的需求都能得到爸爸妈妈准确而愉快地回应，那么将来他就会很欣喜地在团队中工作，自然地与人沟通、也能体谅他人，并且从帮助他人中获得快乐，亲密和谐的家庭关系将成为孩子今后在团队中融洽各种关系的基础。妈妈此时的正确态度是：对孩子回应要及时，并有所交流；在喂养上要尽可能母乳喂养。妈妈通过观察孩子的行为，给予孩子回应和服务，如食物的给予、温柔的抚摸、话语的安慰等。

每个家庭成员都应当有机会照顾宝宝，宝宝能够建立的安全关系越广泛，将来他就越有可能因为成为团队一分子而感到骄傲。这个阶段孩子的培养重点是：让孩子接受不如意的小小挫折，是促进孩子主动化解矛盾的根本。

二、孩子1–3岁时期

孩子已经开始对社会关系发生兴趣，他们有了固定的伙伴，在游戏中能建立并遵守规则。简单的协调、合作也出现在他们的生活当中，但是冲突依然存在，因此他有很多疑惑需要爸爸妈妈帮助解答。如果家长能常常倾听他的感受，辅以社交技能训练，他很快就会成为一位具有团队精神的宝宝，但问题是，您是否有良好的社交意识呢？

妈妈此时的正确态度是：让孩子谈谈他的看法和主意。

三、孩子3–6岁时期

现在孩子的情感更丰富了，随着自我感知能力越成熟，对他人的感受也会越敏锐，他就越有可能做出适当的反应和调节，这是团队领导力的最基本要求。不论在哪个团队总是无法避免冲突，当宝宝回来告诉您，某某小朋友不喜欢他，或是他跟某某小朋友打架了，请您先冷静下来，然后，您可以跟宝宝讨论“为什么他不喜欢你呢？”“除了打架，我们还有其他解决的办法吗？”做家长的也许不能给宝宝准确的答案，但却可以让孩子试着想一想，说一说自己的看法和主意。

爸爸妈妈可以请这个年龄的孩子经常为父母或家庭服务，比如：给爸爸拿拖鞋、帮助妈妈择菜、收拾餐桌，让他感到他是被大家迫切地需要着，他将会获得极大的满足。正因为孩子的自我价值得到了肯定，哪怕其实他搞得一团糟，但来自爸爸、妈妈的信任和感谢还是给了他归属感和信任，孩子自信心就这样被建立起来。

3个行动让孩子发挥领导权：

行动1：把孩子当成个小大人来商量问题。

从孩子一出生，就不要太过把他当成个孩子，起码在有的时候，您可以尽可能用简单的语言跟宝宝交流你一天中特别的事情和感受，当然也包括小问题，比如，妈妈穿这件衣服漂亮吗？宝宝喜欢吃什么东西呀？家里需要添置些什么呀？

行动2：让孩子成为小小调解员。

无论在家庭中，还是在幼儿园，当发生人与人之间有冲突行为的时候，比如舅舅和舅妈吵架了、小朋友们打起来了，您可以试着让宝宝来进行调解，问问孩子：“我们有什么办法让他们和好呢？”

行动3：带着孩子出席各种各样的场合。

您可以带着这个小宝贝多参加一些活动，比如旅游、聚会、表演、运动等，不论是怎样的活动，都是让宝贝开阔眼界的一个过程，不但能令您对团队产生新的体验，还能帮助宝宝获得更多的与人交往的机会。

3 忍得住饥饿，挨得住疼痛

孩子成长之路上，不可能一帆风顺，遇到困难就轻易放弃，永远只是生活的弱者，只有选择坚持，才有可能到达理想的彼岸。坚持的过程也许是痛苦的，因此，做生活的强者，需要足够的忍耐力。忍耐力不是与生俱来的，需要后天的培养才能逐渐地形成，并且忍耐力会影响孩子的一生，比如忍耐力不足的人很容易被自己的情绪所左右，而且稍不如意就觉得无法忍受，不能够冷静地思考解决问题的方法，不能承受挫折，这都是孩子通往成功之路的绊脚石，而这些表现都缘于幼年时期忍耐力没有得到很好培养的结果。

耐性不足的孩子，情商和逆境商相对较低：他们比较散漫、自控力弱、做事有始无终；适应性差、喜欢依赖，不容易融入新环境；

在挫折面前，往往表现出急躁、知难而退甚至有暴力的苗头。另外，缺乏耐性的孩子很少有幸福的感觉，他们也不懂得什么叫“珍惜”。

5岁的果果性子比较急，如果想得到什么东西，爸爸妈妈必须马上给她。爸爸妈妈对果果的照顾非常周到，只要是孩子提出要的，家长都是有求必应，从不怠慢：孩子想喝水，妈妈马上给倒；孩子想吃苹果了，爸爸半夜起来下楼去买；孩子在游乐场要玩滑滑梯，甚至奶奶帮忙“清理”其他的小朋友。爸爸妈妈也经常说，看到孩子哭，大人更着急，看到孩子得到了，大人也就放心了。久而久之，在果果的心里，想要什么，就要马上得到。

一次，妈妈带果果去超市买东西，当看到货架上的巧克力时，果果就要求妈妈买，妈妈就把巧克力放进了购物车，可是果果当时特别想吃，就对妈妈说：“妈妈，我现在就想吃。”妈妈说：“不行，在超市买东西，需要交钱后才能买，现在不能吃。”果果紧接着说：“那你现在就去交钱吧。”妈妈反驳道：“那怎么行，妈妈还要买其他东西呢。”“不行，我现在就想吃，我说吃就得吃！”果果耍起了无赖。“你不行也没办法，你看这么多保安叔叔都看着你呢，如果你不交钱就吃，保安叔叔会把你带走的。”小家伙看了看不远处的保安只能安静下来了。但果果的心里并不踏实，一会东张西望地看看有没有保安叔叔，一会朝妈妈要巧克力，哼哼唧唧地闹个不停，直到果果吃到巧克力为止。

爱孩子是人的本性，看到嗷嗷待乳的小宝宝，相信所有的妈妈心里比孩子还要着急，真想马上让孩子吃饱。当孩子有什么需求时，爸爸妈妈总想以最快的速度给孩子，生怕孩子等着急了，家长力求以最快时间来满足孩子，让孩子用最短时间等待。在这种情况下，家长无形中给了孩子这样的感觉——我要得到什么马上就会得到。可是随着孩子慢慢地长大，要求已不再是吃饱穿暖，种类和形式越来越多，这让爸爸妈妈有些措手不及，这时家长会以一个成人的角度来看待这个问题，觉得孩子的要求有些不合情理并试想改变时，引来的往往是孩子的反抗和哭闹，如果以家长的妥协而结束，就是对孩子行为的一种强化，以后会愈演愈烈。

从心理学的角度来看，孩子对欲望的满足分为延迟满足、适当不满足、超前满足、即时满足、超量满足五种。满足孩子的最好方式是采取“延迟满足”和“适当不满足”，这有助于孩子忍耐力的培养。培养孩子的忍耐力要根据年龄和承受力一点点训练，不可能一蹴而就，要从小培养，爸爸妈妈在了解自己孩子的年纪、能力及脾气秉性后逐步进行。具体做法如下所述：

一、将“等待”的理由具体化

对于1岁左右的孩子还不太明白“等一下”的含义，如果他想出去玩，他可能指着门含混地说着“去外面”，这时妈妈可以说：“等妈妈把你的奶瓶洗干净装上水，我们就下楼。”这时妈妈有必要把抽象的“等”化成具体的事情，让他看到：实现自己的合理要求需要一点时间。对1岁的宝贝，最初能等上三五分钟已经是不容易了，假如孩子以大哭来抗议，就让他哭上1分钟。别心疼，这可是训练耐心的关键。同时，爸爸妈妈要说出让孩子等的理由，如果让1岁的宝宝等待或把正在进行的游戏继续下去，妈妈应该用简短的语言告诉他们为什么，比如：“你现在咳嗽，吃了冰淇淋会咳得更厉害，过几天好了才能吃。”或者“把积木再往上搭一些，你的‘楼房’肯定会更漂亮。”

二、让孩子等待的时间逐步加长

对于学龄前的孩子不要一下就让他等5分钟，刚开始时可先等1分钟，然后再增加到3分钟，如果孩子能安安静静等待这1分钟，妈妈应该这样表扬他：“你真有耐心，能在妈妈说话的时候自己玩。”如果孩子不听话，那么接下来的1分钟可以不理会他，并且向她说明为什么。需要爸爸妈妈硬下心肠，不然训练将会前功尽弃。

三、学会打发等待时间

如果是个刚开始学步的小宝宝，给他一个玩具是个不错的主意。大多数2岁左右的孩子还不具备自己转移注意力的能力，如果孩子到了3岁或者4岁，就应该鼓励他们在等候的时间里自己去找事情干，不妨让孩子在等待的时间里画张图，或是自己看看书等，做一些孩子平时比较感兴趣的事情，让孩子学会自己选择如何打发时间。

3-4岁的孩子是难以理解“从现在起10分钟”有多长时间，训练时应把孩子知道的一些事联系起来。“用10分钟给你的芭比娃娃梳好小辫，穿好裙子，妈妈就给你讲故事。”这样孩子就会逐渐理解时间长短的概念。

四、及时表扬、进行强化

在培育孩子耐性的过程中，表扬和奖励比批评要好，因为孩子在控制自己的情绪时是痛苦的。当孩子经过努力“刷新”了自己以往的纪录时，爸爸妈妈一定要肯定孩子，给予精神或物质上的小奖励，这是为了孩子能更好地自我激励，孩子拥有自己的目标，做起事情就会变得更有毅力。当孩子渴望得到某样东西时，妈妈可以要求他们先达到某一个目标，达到后作为奖赏给他。孩子越大，要求也要相应的高一些，最重要的是所订下的目标必须清楚、明确、合理。此外，不妨采用“奖励卡”或“奖励贴纸”这些小道具，让孩子更容易掌握自己的努力成果。

五、训练孩子忍耐力的小游戏

专注力是忍耐力的基础，妈妈可多与孩子进行一些有助提高专注力的游戏，例如“找不同”、“找错误”、拼图游戏、听故事等等，爸爸妈妈可以让孩子集中注意力，长时间专注做某一件事。

4 挫折教育是强者的必修课

人的一生，不知道要遇到多少挫折和坎坷，薄弱的意志、脆弱的心灵不利于孩子正确对待和承受挫折，如果能够接受这方面的教育和锻炼，不仅可以让孩子拥有实际生活经验还可获得应对挫折的心理准备。提高孩子的受挫能力、生存能力、适应能力，把“绊脚石”变成“垫脚石”，接受挫折教育更是“强者”的必修课程。

新新今年7岁了，上小学二年级，是他们班里的小班长，学习成绩优异、多才多艺，一直是老师同学和家长眼里的好学生。爸爸妈妈在生活上对新新照顾得很周到，虽然带孩子很辛苦，但是看到孩子这么优秀和懂事，妈妈的心里还是很安慰的，但前不久的一件事情让妈妈改变了自己的看法。

新新的学校要组织一次歌咏比赛，喜欢唱歌的新新代表班里参加了比赛，新新是个要强的孩子，认为自己是班长又代表全班去参赛，一定要取得好成绩，由于新新太紧张了，明明平时唱得非常熟悉的《中国功夫》竟在高音部分变了调，逗得全体观看者哄堂大笑，尽管歌曲的前半部分新新处理得很好，总成绩也没有受到太大的影响，但这个失误对新新来说，“打击太大了”，因为新新一直各个方面都非常优秀，家长老师夸奖，同学羡慕，从未这样“出丑”，回家后，话也不说，饭也不吃，情绪低落了好几天，学习和生活都受到了很大影响。

看到孩子的这种情况，妈妈及时和孩子进行了沟通，当弄明白是怎么回事后，妈妈觉得新新从小到大一切都太顺利了，不论是生活上还是学习上从来没有任何的挫折，当孩子遇到这种情况后，经不起这个打击。所以帮助孩子战胜脆弱的心理，培养坚韧的品质和抗挫折能力，是当今家庭教育所要面临的重要课题，现在已经有更多的家长和老师开始关注挫折教育。

所谓的挫折教育，不仅仅是家长刻意地给孩子安排“挫折”，更多的是让孩子在实际生活中去体验“挫折”，爸爸妈妈不要什么事情都为孩子包办，让孩子去做些力所能及的事情，让孩子有机会去体验挫折的滋味，并且在体验“挫折”的过程中学会如何去面对挫折、解决问题，从而产生“抗体”，增加孩子的抗打击能力和解决问题的能力。挫折教育应以培养孩子良好意志品质，提高孩子的情商和逆境商为目的，让孩子在经历磨炼的过程中能有所收获，而并非单纯地让孩子受苦。在这里，我给您的建议为：

一、尽可能地让孩子决定和处理自己的事情

随着独生子女增多和生活水平提高，许多孩子生活在家长的“包办”中，可当他们真正面对学习、生活、交往中一些困难或压力时，常常不知所措。由于孩子什么事都依赖爸爸妈妈或老师，缺乏独立意识，缺乏战胜困难的信心和勇气，因此，作为家长和老师，应尽量地让孩子决定和处理自己的事情，让孩子做适合孩子年龄和能力的事情，比如：孩子摔倒了，在确保安全的情况下，让孩子自己爬起来；当孩子鞋带松了，爸爸妈妈不要怕耽误时间，让孩子自己来系；当孩子和其他小朋友闹矛盾时，家长不要轻易就参与其中，让他们自己去解决等等，让孩子在做事的过程中，体验“挫折”的滋味，提高处理问题的能力。

二、当孩子遇到困难和挫折时，不要不理不睬，也不要让孩子产生依赖心理

家长要根据孩子出现的具体情况，有针对性地进行分析，帮助孩子理解挫折的原因，让孩子学会调节自己的心情，并明白处理挫折的方法，但具体的操作要孩子自己进行；让孩子明白挫折并不可怕，只要相信自己，开动脑筋，总会克服的；同时让孩子明白当挫折出现时，自己永远是解决问题的主角，不要让孩子产生依赖心理；当孩子能有效地解决好一个问题后，孩子就会有成就感，这时家长一定要进行及时的鼓励，帮孩子建立信心，同时应该注意的是，对孩子的赞美不要太多和过于笼统，要具体和有建设性，而不是简单的夸奖，让孩子拥有“宠辱不惊”的健康心理状态。

三、挫折教育不能太多和过大，家长要把握好“度”

让孩子接受太多的挫折也不利于孩子的身心健康，比如：爸爸妈妈随意打骂孩子、让孩子去做一些超能力的事情或者家长当着孩子的面吵架等等，对孩子的心理健康都是不利的。

挫折教育要注重孩子“情商”和“逆境商”的培养，并不是单纯地让孩子接受苦难。

5 不是不分享，而是维护权益

谦让是一种美德，但让孩子学会说“不”同样重要。玩具，在孩子眼里不同于大人，它是孩子重要的私有财产，有时孩子不愿与别人分享玩具，其实是维护和争取自己的权益。如果家长一味地让孩子进行分享，容易让孩子觉得不被尊重，时间长了不利于孩子良好性格的形成。

热情好客的甜甜听说这个周末小表妹思思要到家里来玩，着实高兴了好几天，还不时地问:“妈妈，这个星期六思思会来吗?”“会的，思思来了你跟思思好好玩吗?”“好好玩。”“给不给思思玩你的玩具呢?”“给!”甜甜痛快地答应了。

周日，思思和妈妈如约而至，甜甜就拿出自己喜欢的玩具来招待思思，两个小朋友玩得很好。可是好景不长，突然听着思思哇哇大哭起来。妈妈闻声赶来，看到甜甜正怒目圆睁，妈妈忙问:“怎么回事?是你把妹妹吓哭的吧?”“你看她把芭比娃娃的身体弄成什么样子了？”思思手里正握着“断了”胳膊的芭比娃娃，甜甜说完就把芭比娃娃从思思手里夺了过来，这时妈妈非常严肃地说：“甜甜，这样可是你不对呀，思思是客人，得让思思玩，知道吗？快把玩具给我，要不你给思思，快点！”“凭什么？她都弄坏了，这是我最喜欢的玩具了，她一点都不爱护！”甜甜说完也大哭了起来。

孩子毕竟是孩子，一会功夫两个小家伙又高高兴兴地在一起玩了。下午思思和妈妈要回家时，甜甜妈妈就把刚才的那个芭比娃娃拿了过来，对思思说：“来，思思，这个娃娃送给你。”听到妈妈这句话，正在沙发上的甜甜赶紧跑过来，一把就把芭比娃娃从妈妈手里抢了过来，说：“这是我的玩具，我还玩呢。”妈妈说：“你的玩具那么多，这个就送给思思了。”妈妈边说边用手去拿甜甜手里的芭比娃娃，“可我还想玩呀，你不问我就送人呀！”妈妈说：“什么你的，还不是我给你买的。”“你买的怎么了，现在是我的！”说完，甜甜伤心地哭了起来，而且好几天都忘不了这个事，提起这事就抱怨妈妈随便拿自己的东西送人。据妈妈说从这件事情以后，甜甜变得特别抠门，在和小朋友一起玩时，再也不愿意分享玩具了。

甜甜妈妈的做法是不妥的，玩具在孩子的心里是很重要的私有财产，家长要尊重孩子对玩具的所有权，培养孩子的自尊心，不能忽视对孩子的尊重。只有当孩子的权利得到尊重的情况下，他才能学习尊重别人的所有权，如果孩子的所有权经常被剥夺，强迫孩子把玩具进行“分享”，孩子处于害怕和被压抑的情况下，不得不与别人分享玩具，而不是发自内心对别人的尊重，长此以往有的孩子就有可能因此变得怯懦、事事忍让、不敢与人争，变得不会拒绝，即使自己的需求和权益受到他人侵犯，也不善于去维护和争取。所以，对别人的尊重源自内心对他人的尊重和喜爱，我们应该要尊重孩子，培养孩子的自尊心。所以，爸爸妈妈要根据孩子的成长规律，科学合理地教育孩子进行“分享”，具体做法有：

一、孩子在1岁半之前还不太会与人合作

1 岁半之前的孩子大都是一个人玩，即使和几个同龄的小朋友在一个地方玩，他们也是各玩各的，心理学上称之为“平行游戏”阶段。当孩子到了 2 岁左右时，就有了“我的”“你的”概念，这时如果想让孩子和别人分享，提出和其他人交换玩具比让他单方面的“分享”要容易得多。

二、孩子是独立的个体，动用他的东西时，当然也应先征得他的同意，这是对孩子的一种尊重

有些爸爸妈妈会认为，孩子的东西还不是我们花钱买的，何必要经过他的许可呢？可是，这些点点滴滴的尊重所带给孩子的自我价值感，对孩子的一生却是非常重要的，我们一定不希望孩子在学校里老是受人欺负，不知道保护自己，也不希望孩子长大后习惯于过分委屈自己，那么，我们是否应该有尊重孩子权益与维护自己合理权益的身教呢？

三、有安全感才能与人分享

让孩子把玩具拿出来和小朋友一起玩，在爸爸妈妈看来是很小的一件事情，但对于孩子来说却是“大事”，如果家长意识不到这一点，让孩子一味地“分享”和忍让，很容易让孩子产生不安全感。如果家里有小客人来访，爸爸妈妈不妨事先让孩子做好心理准备，征求孩子的同意后，才把玩具与小客人分享。同时要告诉孩子和小朋友分享玩具，并不是让小朋友把玩具拿走，而是“借”给小朋友玩，等小朋友走时一定会“还”的，要让孩子吃一颗“定心丸”，只有孩子在心里有了足够的安全感，才更容易把玩具拿出来进行“分享”。

后 记

《聪明孩子从聪明妈妈开始》一书终于要和读者们见面了。感谢、期待还有些许激动是我此时的心情。

孩子是我们生命的延续、家庭的希望、国家的未来。教育好我们的孩子，不仅涉及全家的幸福，亦关乎民族的兴衰！因此，育儿是一件平常但不平凡的事。它包括但不仅仅意味着：

☼您需要重新审视自己的行为和思想，为孩子树立一个好的学习榜样；

☼您要为孩子身体和心理的健康发展提供一个适宜的空间，搭建一个成长的舞台；

☼您应该给孩子足够的理解、包容和指导，激发他的无限潜能，成就优秀的他（她）自己。

☼……

本书的写作过程是对自己既有知识和思想的梳理、归纳和提炼。回想本书创作始末，心里有万千感慨。从自己萌发写作的想法到最终成书，历时20余载，其间几次提笔、几度搁浅，最终能够顺利出版，除了自己不轻言放弃的性格使然以外，也和很多人的帮助和支持息息相关。在这里，我要衷心地感谢：

☼我的父母——他们赋予了我坚强、善良、乐于助人的品格。

☼我的先生——在写作本书的过程中，他给了我莫大的支持和鼓励。

☼我的女儿——对她的教养过程使我的理论和观点在实践中得以验证，也为我的写作带来了许多灵感。

☼本书出品人李起业先生——他在本书付梓过程中投入了很多的时间和心力。

☼新世界出版社——是他们把这本书带给了所有爱孩子的妈妈。

感谢所有为本书顺利出版提供过帮助的人！正是在大家的共同努力下它才能最终呈现在广大读者面前。

最后，祝愿天下所有的孩子都能健康成长、所有的家庭都美满幸福！

张丽娟

2011年3月